TRANZLATY

Sprache ist für alle da

Езикът е за всички

Das Kommunistische Manifest

Комунистическият манифест

Karl Marx
&
Friedrich Engel

Deutsch / Български

Published by Tranzlaty
ISBN: 978-1-80572-323-3
Original text by Karl Marx and Friedrich Engels
The Communist Manifesto
First published in 1848
www.tranzlaty.com

Einleitung
Въвеждането

Ein Gespenst geht um in Europa – das Gespenst des Kommunismus

Призрак преследва Европа – призракът на комунизма

Alle Mächte des alten Europa sind eine heilige Allianz eingegangen, um dieses Gespenst auszutreiben

Всички сили на стара Европа влязоха в свещен съюз, за да прогонят този призрак

Papst und Zaren, Metternich und Guizot, französische Radikale und deutsche Polizeispione

Папа и цар, Метерних и Гизо, френски радикали и германски полицейски шпиони

Wo ist die Oppositionspartei, die von ihren Gegnern an der Macht nicht als kommunistisch verschrien wurde?

Къде е партията в опозиция, която не е заклеймена като комунистическа от опонентите си на власт?

Wo ist die Opposition, die nicht den Brandvorwurf des Kommunismus gegen die fortgeschritteneren Oppositionsparteien zurückgeschleudert hat?

Къде е опозицията, която не е отхвърлила упрека на комунизма срещу по-напредналите опозиционни партии?

Und wo ist die Partei, die den Vorwurf nicht gegen ihre reaktionären Gegner erhoben hat?

И къде е партията, която не е повдигнала обвинения срещу своите реакционни противници?

Aus dieser Tatsache ergeben sich zweierlei

От този факт произтичат две неща

I. Der Kommunismus wird bereits von allen europäischen Mächten als eine Macht anerkannt

I. Комунизмът вече е признат от всички европейски сили като сила

II. Es ist höchste Zeit, dass die Kommunisten ihre Ansichten, Ziele und Tendenzen offen vor der ganzen Welt offenlegen

II. Крайно време е комунистите открито, пред лицето на целия свят, да изложат своите възгледи, цели и тенденции

sie müssen diesem Kindermärchen vom Gespenst des
Kommunismus mit einem Manifest der Partei selbst
begegnen
те трябва да посрещнат тази детска приказка за призрака
на комунизма с манифест на самата партия
Zu diesem Zweck haben sich Kommunisten verschiedener
Nationalitäten in London versammelt und folgendes
Manifest entworfen
За тази цел комунисти от различни националности се
събраха в Лондон и скицираха следния манифест
Dieses Manifest wird in deutscher, englischer,
französischer, italienischer, flämischer und dänischer
Sprache veröffentlicht
този манифест трябва да бъде публикуван на английски,
френски, немски, италиански, фламандски и датски език
Und jetzt soll es in allen Sprachen veröffentlicht werden, die
Tranzlaty anbietet
И сега предстои да бъде публикуван на всички езици,
които предлага Транзлати

Bourgeois und Proletarier
Буржоа и пролетариите

Die Geschichte aller bisherigen Gesellschaften ist die Geschichte der Klassenkämpfe

Историята на всички съществуващи досега общества е история на класовите борби

Freier und Sklave, Patrizier und Plebejer, Herr und Leibeigener, Zunftmeister und Geselle

Свободен човек и роб, патриций и плебей, господар и крепостен, майстор на гилдията и калфа

mit einem Wort, Unterdrücker und Unterdrückte

с една дума, потисник и потиснат

Diese sozialen Klassen standen in ständiger Opposition zueinander

Тези социални класи са в постоянна опозиция една на друга

Sie führten einen ununterbrochenen Kampf. Jetzt versteckt, jetzt offen

те водеха непрекъсната битка. Сега скрити, сега отворени

Ein Kampf, der entweder in einer revolutionären Rekonstitution der Gesellschaft als Ganzes endete

борба, която или завършва с революционно преустройство на обществото като цяло

oder ein Kampf, der im gemeinsamen Ruin der streitenden Klassen endete

или борба, която завърши с обща разруха на съперничещите класи

Blicken wir zurück auf die früheren Epochen der Geschichte

Нека погледнем назад към по-ранните епохи на историята

Wir finden fast überall eine komplizierte Einteilung der Gesellschaft in verschiedene Ordnungen

почти навсякъде откриваме сложно подреждане на обществото в различни категории

Es gab schon immer eine mannigfaltige Abstufung des sozialen Ranges

Винаги е имало разнообразна градация на социалния ранг

Im alten Rom gibt es Patrizier, Ritter, Plebejer, Sklaven

В древен Рим имаме патриции, рицари, плебеи, роби

im Mittelalter: Feudalherren, Vasallen, Zunftmeister, Gesellen, Lehrlinge, Leibeigene

през Средновековието: феодали, васали, майстори на гилдии, калфи, чираци, крепостни селяни

In fast allen diesen Klassen sind wiederum untergeordnete Abstufungen

в почти всички тези класове, отново подчинени градации

Die moderne Bourgeoisie Gesellschaft ist aus den Trümmern der feudalen Gesellschaft hervorgegangen

Съвременното буржоазно общество е поникнало от руините на феодалното общество

Aber diese neue Gesellschaftsordnung hat die Klassengegensätze nicht beseitigt

Но този нов социален ред не е премахнал класовите противопоставяния

Sie hat nur neue Klassen und neue Unterdrückungsbedingungen geschaffen

Той само създаде нови класи и нови условия на потисничество

Sie hat neue Formen des Kampfes an die Stelle der alten gesetzt

тя установи нови форми на борба на мястото на старите

Die Epoche, in der wir uns befinden, weist jedoch eine Besonderheit auf

Епохата, в която се намираме, обаче притежава една отличителна черта

die Epoche der Bourgeoisie hat die Klassengegensätze vereinfacht

епохата на буржоазията опрости класовите противоположности

Die Gesellschaft als Ganzes spaltet sich mehr und mehr in zwei große feindliche Lager

Обществото като цяло все повече се разделя на два големи враждебни лагера

zwei große soziale Klassen, die sich direkt gegenüberstehen: Bourgeoisie und Proletariat

две големи социални класи, които са точно обърнати една срещу друга: буржоазия и пролетариат

Aus den Leibeigenen des Mittelalters gingen die Bürger der ersten Städte hervor

От крепостните селяни на Средновековието произлизат чартърните бюргери от най-ранните градове

Aus diesen Bürgern entwickelten sich die ersten Elemente der Bourgeoisie

От тези граждани се развиват първите елементи на буржоазията

Die Entdeckung Amerikas und die Umrundung des Kaps

Откриването на Америка и заобикалянето на носа

diese Ereignisse eröffneten der aufstrebenden Bourgeoisie neues Terrain

тези събития отварят нова почва за надигащата се буржоазия

Die ostindischen und chinesischen Märkte, die Kolonisierung Amerikas, der Handel mit den Kolonien

Източноиндийският и китайският пазари, колонизацията на Америка, търговията с колониите

die Vermehrung der Tauschmittel und der Waren überhaupt

увеличаването на средствата за размяна и на стоките като цяло

Diese Ereignisse gaben dem Handel, der Schiffahrt und der Industrie einen nie gekannten Impuls

Тези събития придават на търговията, корабоплаването и индустрията неизвестен досега импулс

Sie gab dem revolutionären Element in der wankenden feudalen Gesellschaft eine rasche Entwicklung

тя дава бързо развитие на революционния елемент в разклатеното феодално общество

Geschlossene Zünfte hatten das feudale System der industriellen Produktion monopolisiert

затворените гилдии монополизират феодалната система
на промишленото производство
**Doch das reichte den wachsenden Bedürfnissen der neuen
Märkte nicht mehr aus**
Но това вече не беше достатъчно за нарастващите нужди
на новите пазари
**Das Manufaktursystem trat an die Stelle des feudalen
Systems der Industrie**
Производствената система зае мястото на феодалната
система на индустрията
**Die Zunftmeister wurden vom produzierenden Bürgertum
auf die Seite gedrängt**
Майсторите на гилдиите са изтласкани на една страна от
производствената средна класа
**Die Arbeitsteilung zwischen den verschiedenen
korporativen Innungen verschwand**
Разделението на труда между различните корпоративни
гилдии изчезва
Die Arbeitsteilung durchdrang jede einzelne Werkstatt
разделението на труда прониква във всяка отделна
работилница
**In der Zwischenzeit wuchsen die Märkte immer weiter und
die Nachfrage stieg immer weiter**
Междувременно пазарите продължаваха да растат
непрекъснато, а търсенето непрекъснато нарастваше
**Selbst Fabriken reichten nicht mehr aus, um den
Anforderungen gerecht zu werden**
Дори фабриките вече не са достатъчни, за да отговорят на
изискванията
**Daraufhin revolutionierten Dampf und Maschinen die
industrielle Produktion**
След това парата и машините революционизират
промишленото производство
**An die Stelle der Manufaktur trat der Riese, die moderne
Industrie**

Мястото на производство е заето от гиганта Modern Industry

An die Stelle des industriellen Mittelstandes traten industrielle Millionäre

Мястото на индустриалната средна класа беше заето от индустриални милионери

an die Stelle der Führer ganzer Industriearmeen trat die moderne Bourgeoisie

мястото на водачите на цели индустриални армии беше заето от съвременната буржоазия

die Entdeckung Amerikas ebnete der modernen Industrie den Weg zur Etablierung des Weltmarktes

откриването на Америка проправя пътя на съвременната индустрия да установи световния пазар

Dieser Markt gab dem Handel, der Schifffahrt und der Kommunikation auf dem Landweg eine ungeheure Entwicklung

Този пазар дава огромно развитие на търговията, корабоплаването и комуникациите по суша

Diese Entwicklung hat seinerzeit auf die Ausdehnung der Industrie reagiert

Това развитие навреме реагира на разширяването на промишлеността

Sie reagierte in dem Maße, wie sich die Industrie ausbreitete, und wie sich Handel, Schiffahrt und Eisenbahn ausdehnten

тя реагира пропорционално на това как се разширява индустрията и как се разширяват търговията, корабоплаването и железопътните линии

in demselben Maße, in dem sich die Bourgeoisie entwickelte, vermehrte sie ihr Kapital

в същата пропорция, в която се развива буржоазията, те увеличават капитала си

und das Bourgeoisie drängte jede aus dem Mittelalter überlieferte Klasse in den Hintergrund

и буржоазията изтласква на заден план всяка класа, предадена от Средновековието

daher ist die moderne Bourgeoisie selbst das Produkt eines langen Entwicklungsganges

следователно съвременната буржоазия сама по себе си е продукт на дълъг път на развитие

Wir sehen, dass es sich um eine Reihe von Revolutionen in der Produktions- und Tauschweise handelt

виждаме, че това е поредица от революции в начините на производство и на размяната

Jeder Schritt der Bourgeoisie Entwicklung ging mit einem entsprechenden politischen Fortschritt einher

Всяка стъпка в развитието на буржоазията беше придружена от съответен политически напредък

Eine unterdrückte Klasse unter der Herrschaft des feudalen Adels

Потисната класа под влиянието на феодалното благородничество

ein bewaffneter und selbstverwalteter Verein in der mittelalterlichen Kommune

въоръжено и самоуправляващо се сдружение в средновековната комуна

hier eine unabhängige Stadtrepublik (wie in Italien und Deutschland)

тук, независима градска република (както в Италия и Германия)

dort ein steuerpflichtiger "dritter Stand" der Monarchie (wie in Frankreich)

там облагаема "трета власт" на монархията (както във Франция)

Danach, in der Zeit der eigentlichen Herstellung

след това, в периода на производство

die Bourgeoisie diente entweder der halbfeudalen oder der absoluten Monarchie

буржоазията служи или на полуфеодалната, или на абсолютната монархия

oder die Bourgeoisie fungierte als Gegengewicht zum Adel

или буржоазията действаше като противовес на благородничеството

und in der Tat war die Bourgeoisie ein Eckpfeiler der großen Monarchien überhaupt

и всъщност буржоазията беше крайъгълен камък на великите монархии като цяло

aber die moderne Industrie und der Weltmarkt haben sich seitdem etabliert

но Модерната индустрия и световният пазар се утвърдиха оттогава

und die Bourgeoisie hat sich die ausschließliche politische Herrschaft erobert

и буржоазията завладя за себе си изключителна политическа власт

sie erreichte diese politische Herrschaft durch den modernen repräsentativen Staat

той постигна това политическо влияние чрез съвременната представителна държава

Die Exekutive des modernen Staates ist nichts anderes als ein Verwaltungskomitee

Изпълнителните органи на съвременната държава са само управителен комитет

und sie leiten die gemeinsamen Angelegenheiten der gesamten Bourgeoisie

и те управляват общите дела на цялата буржоазия

Die Bourgeoisie hat historisch gesehen eine höchst revolutionäre Rolle gespielt

Буржоазията исторически играе най-революционна роля

Wo immer sie die Oberhand gewann, machte sie allen feudalen, patriarchalischen und idyllischen Verhältnissen ein Ende

Където и да надделее, той слага край на всички феодални, патриархални и идилични отношения

Sie hat erbarmungslos die bunten feudalen Bande zerrissen, die den Menschen an seine "natürlichen Vorgesetzten" banden

Тя безмилостно разкъса пъстрите феодални връзки, които свързваха човека с неговите "естествени началници"

Und es ist kein Nexus zwischen Mensch und Mensch übrig geblieben, außer nacktem Eigeninteresse

и не е оставила никаква връзка между човека и човека, освен голия личен интерес

Die Beziehungen der Menschen zueinander sind zu nichts anderem geworden als zu einer gefühllosen "Geldzahlung"

Отношенията на човека един с друг не са се превърнали в нищо повече от коравосърдечно "плащане в брой"

Sie hat die himmlischsten Ekstasen religiöser Inbrunst ertränkt

Тя е удавила най-небесния екстаз на религиозния плам

sie hat ritterlichen Enthusiasmus und philiströsen Sentimentalismus übertönt

тя е удавила рицарския ентусиазъм и филистерския сантиментализъм

Sie hat diese Dinge im eisigen Wasser des egoistischen Kalküls ertränkt

тя е удавила тези неща в ледената вода на егоистичните изчисления

Sie hat den persönlichen Wert in Tauschwert aufgelöst

Той превърна личната стойност в разменна стойност

Sie hat die zahllosen und unveräußerlichen verbrieften Freiheiten ersetzt

Тя замени безбройните и неоспорими свободи

und sie hat eine einzige, skrupellose Freiheit geschaffen; Freihandel

и тя е създала една-единствена, безсъвестна свобода; Свободна търговия

Mit einem Wort, sie hat dies für die Ausbeutung getan

С една дума, тя направи това за експлоатация

Ausbeutung, verschleiert durch religiöse und politische Illusionen

експлоатация, забулена от религиозни и политически илюзии

Ausbeutung verschleiert durch nackte, schamlose, direkte, brutale Ausbeutung

експлоатация, забулена от гола, безсрамна, директна, брутална експлоатация

die Bourgeoisie hat den Heiligenschein von jedem zuvor geehrten und verehrten Beruf abgestreift

буржоазията е премахнала ореола от всяка почитана и почитана преди това професия

der Arzt, der Advokat, der Priester, der Dichter und der Mann der Wissenschaft

лекарят, адвокатът, свещеникът, поетът и човекът на науката

Sie hat diese ausgezeichneten Arbeiter in ihre bezahlten Lohnarbeiter verwandelt

тя е превърнала тези изтъкнати работници в свои платени наемни работници

Die Bourgeoisie hat der Familie den sentimentalen Schleier weggerissen

Буржоазията е скъсала сантименталния воал от семейството

Und sie hat das Familienverhältnis auf ein bloßes Geldverhältnis reduziert

и е свела семейната връзка до обикновена парична връзка

die brutale Zurschaustellung der Kraft im Mittelalter, die die Reaktionäre so sehr bewundern

бруталната проява на енергия през Средновековието, на която реакционеристите толкова много се възхищават

Auch diese fand ihre passende Ergänzung in der trägesten Trägheit

Дори това намери подходящо допълнение в най-лениватата леност

Die Bourgeoisie hat enthüllt, wie es dazu gekommen ist

Буржоазията разкри как се е случило всичко това

Die Bourgeoisie war die erste, die gezeigt hat, was die Tätigkeit des Menschen bewirken kann

Буржоазията беше първата, която показа до какво може да доведе човешката дейност

Sie hat Wunder vollbracht, die ägyptische Pyramiden, römische Aquädukte und gotische Kathedralen bei weitem übertreffen

Той е извършил чудеса, далеч надминаващи египетските пирамиди, римските акведукти и готическите катедрали

und sie hat Expeditionen durchgeführt, die alle früheren Auszüge von Nationen und Kreuzzügen in den Schatten stellten

и е провеждал експедиции, които са поставили в сянка всички предишни изходи на нации и кръстоносни походи

Die Bourgeoisie kann nicht existieren, ohne die Produktionsmittel ständig zu revolutionieren

Буржоазията не може да съществува без постоянна революция в инструментите на производството

und damit kann sie nicht ohne ihre Beziehungen zur Produktion existieren

и по този начин тя не може да съществува без своите отношения към производството

und deshalb kann sie nicht ohne ihre Beziehungen zur Gesellschaft existieren

и затова не може да съществува без отношенията си с обществото

Alle früheren Industrieklassen hatten eine Bedingung gemeinsam

Всички по-ранни индустриални класи имаха едно общо условие

Sie setzten auf die Bewahrung der alten Produktionsweisen

те разчитат на запазването на старите начини на производство

aber die Bourgeoisie brachte eine völlig neue Dynamik mit sich

но буржоазията донесе със себе си напълно нова динамика
**Ständige Revolutionierung der Produktion und
ununterbrochene Störung aller gesellschaftlichen
Verhältnisse**
Постоянна революция в производството и непрекъснато
нарушаване на всички обществени условия
**diese immerwährende Unsicherheit und Unruhe
unterscheidet die Epoche der Bourgeoisie von allen früheren**
тази вечна несигурност и вълнение отличава епохата на
буржоазията от всички по-ранни
**Die bisherigen Beziehungen zur Produktion waren mit alten
und ehrwürdigen Vorurteilen und Meinungen verbunden**
Предишните отношения с производството идват с древни
и почитани предразсъдъци и мнения
**Aber all diese festgefahrenen, eingefrorenen Beziehungen
werden hinweggefegt**
Но всички тези фиксирани, бързо замръзнали отношения
са пометени
**Alle neu gebildeten Verhältnisse werden antiquiert, bevor
sie erstarren können**
Всички новоформирани отношения остаряват, преди да
успеят да се вкостенят
**Alles, was fest ist, zerschmilzt in Luft, und alles, was heilig
ist, wird entweiht**
Всичко, което е твърдо, се топи във въздуха и всичко, което
е свято, се осквернява
**Der Mensch ist endlich gezwungen, mit nüchternen Sinnen
seinen wirklichen Lebensbedingungen ins Auge zu sehen**
Човекът най-накрая е принуден да се изправи пред трезви
сетива пред истинските си условия на живот
**und er ist gezwungen, sich seinen Beziehungen zu
seinesgleichen zu stellen**
и той е принуден да се изправи пред отношенията си със
своя вид
**Die Bourgeoisie muss ständig ihre Märkte für ihre Produkte
erweitern**

Буржоазията постоянно се нуждае от разширяване на пазарите си за своите продукти

und deshalb wird die Bourgeoisie über die ganze Erdoberfläche gejagt

и поради това буржоазията е преследвана по цялата повърхност на земното кълбо

Die Bourgeoisie muss sich überall einnisten, sich überall niederlassen, überall Verbindungen herstellen

Буржоазията трябва да се сгуши навсякъде, да се засели навсякъде, да установи връзки навсякъде

Die Bourgeoisie muss in jedem Winkel der Welt Märkte schaffen, um sie auszubeuten

Буржоазията трябва да създаде пазари във всяко кътче на света, за да ги експлоатира

Die Produktion und der Konsum in jedem Land haben einen kosmopolitischen Charakter erhalten

Производството и потреблението във всяка страна имат космополитен характер

der Verdruss der Reaktionäre ist mit Händen zu greifen, aber er hat sich trotzdem fortgesetzt

огорчението на реакционеристите е осезаемо, но то продължава независимо от това

Die Bourgeoisie hat der Industrie den nationalen Boden, auf dem sie stand, unter den Füßen weggezogen

Буржоазията извади изпод краката на индустрията националната почва, на която стоеше

Alle alteingesessenen nationalen Industrien sind zerstört worden oder werden täglich zerstört

всички стари национални индустрии са унищожени или ежедневно се унищожават

Alle alteingesessenen nationalen Industrien werden durch neue Industrien verdrängt

всички стари национални индустрии са изместени от нови индустрии

Ihre Einführung wird zu einer Frage von Leben und Tod für alle zivilisierten Völker

въвеждането им се превръща във въпрос на живот и смърт за всички цивилизовани нации

Sie werden von Industrien verdrängt, die keine heimischen Rohstoffe mehr verarbeiten

те са изместени от индустрии, които вече не обработват местни суровини

Stattdessen beziehen diese Industrien Rohstoffe aus den entlegensten Zonen

Вместо това тези индустрии черпят суровини от най-отдалечените зони

Industrien, deren Produkte nicht nur zu Hause, sondern in allen Teilen der Welt konsumiert werden

индустрии, чиито продукти се консумират не само у дома, но и във всеки квартал на земното кълбо

An die Stelle der alten Bedürfnisse, die durch die Erzeugnisse des Landes befriedigt werden, treten neue Bedürfnisse

На мястото на старите желания, задоволени от производствата на страната, намираме нови желания

Diese neuen Bedürfnisse bedürfen zu ihrer Befriedigung der Produkte aus fernen Ländern und Klimazonen

Тези нови нужди изискват за задоволяване продуктите на далечни страни и климат

An die Stelle der alten lokalen und nationalen Abgeschiedenheit und Selbstversorgung tritt der Handel

На мястото на старото местно и национално уединение и самодостатъчност, ние имаме търговия

internationaler Austausch in alle Richtungen; universelle Interdependenz der Nationen

международен обмен във всяка посока; Всеобща взаимозависимост на нациите

Und so wie wir von Materialien abhängig sind, so sind wir von der intellektuellen Produktion abhängig

И точно както имаме зависимост от материалите, така сме зависими и от интелектуалното производство

Die geistigen Schöpfungen der einzelnen Nationen werden zum Gemeingut

Интелектуалните творения на отделните нации стават обща собственост

Nationale Einseitigkeit und Engstirnigkeit werden immer unmöglicher

Националната едностранчивост и тесногръдост стават все по-невъзможни

Und aus den zahlreichen nationalen und lokalen Literaturen entsteht eine Weltliteratur

и от многобройните национални и местни литератури възниква световна литература

durch die rasche Verbesserung aller Produktionsmittel

чрез бързото усъвършенстване на всички инструменти за производство

durch die immens erleichterten Kommunikationsmittel

чрез изключително улеснените средства за комуникация

Die Bourgeoisie zieht alle (auch die barbarischsten Nationen) in die Zivilisation hinein

Буржоазията въвлича всички (дори и най-варварските народи) в цивилизацията

Die billigen Preise seiner Waren; die schwere Artillerie, die alle chinesischen Mauern niederreißt

Ниските цени на неговите стоки; тежката артилерия, която разбива всички китайски стени

Der hartnäckige Fremdenhass der Barbaren wird zur Kapitulation gezwungen

Упоритата на варварите към чужденците е принудена да капитулира

Sie zwingt alle Nationen, unter Androhung des Aussterbens, die Bourgeoisie Produktionsweise anzunehmen

Тя принуждава всички народи, под страх от изчезване, да приемат буржоазния начин на производство

Sie zwingt sie, das, was sie Zivilisation nennt, in ihre Mitte einzuführen

то ги принуждава да въведат това, което нарича цивилизация в средата си

Die Bourgeoisie zwingt die Barbaren, selbst zur Bourgeoisie zu werden

Буржоазията принуждава варварите сами да станат буржоазия

mit einem Wort, die Bourgeoisie schafft sich eine Welt nach ihrem Bilde

с една дума, буржоазията създава свят по свой собствен образ

Die Bourgeoisie hat das Land der Herrschaft der Städte unterworfen

Буржоазията е подчинила провинцията на властта на градовете

Sie hat riesige Städte geschaffen und die Stadtbevölkerung stark vergrößert

Тя създаде огромни градове и значително увеличи градското население

Sie rettete einen beträchtlichen Teil der Bevölkerung vor der Idiotie des Landlebens

той спаси значителна част от населението от идиотизма на селския живот

Aber sie hat die Menschen auf dem Lande von den Städten abhängig gemacht

но това е направило хората в провинцията зависими от градовете

Und ebenso hat sie die barbarischen Länder von den zivilisierten abhängig gemacht

и по същия начин тя направи варварските страни зависими от цивилизованите

Bauernnationen gegen Völker der Bourgeoisie, Osten gegen Westen

нациите на селяните върху нациите на буржоазията, изтокът на запад

Die Bourgeoisie beseitigt den zerstreuten Zustand der Bevölkerung mehr und mehr

Буржоазията все повече премахва разпръснатото
състояние на населението

**Sie hat die Produktion agglomeriert und das Eigentum in
wenigen Händen konzentriert**

Тя има агломерирано производство и има концентрирана
собственост в няколко ръце

**Die notwendige Konsequenz daraus war eine politische
Zentralisierung**

Необходимата последица от това беше политическата
централизация

**Es gab unabhängige Nationen und lose miteinander
verbundene Provinzen**

Имаше независими нации и слабо свързани провинции

**Sie hatten getrennte Interessen, Gesetze, Regierungen und
Steuersysteme**

те имат отделни интереси, закони, правителства и системи
за данъчно облагане

**Aber sie sind zu einer Nation zusammengeschmolzen, mit
einer Regierung**

но те са се обединили в една нация, с едно правителство

**Sie haben jetzt ein nationales Klasseninteresse, eine Grenze
und einen Zolltarif**

сега те имат един национален класов интерес, една
граница и една митническа тарифа

**Und dieses nationale Klasseninteresse ist unter einem
Gesetzbuch vereinigt**

и този национален класов интерес е обединен в един
кодекс на закона

**die Bourgeoisie hat während ihrer knapp hundertjährigen
Herrschaft viel erreicht**

буржоазията е постигнала много по време на своето
управление от едва сто години

**massivere und kolossalere Produktivkräfte als alle
vorhergehenden Generationen zusammen**

по-масивни и колосални производителни сили, отколкото
всички предишни поколения заедно

Die Kräfte der Natur sind dem Willen des Menschen und seiner Maschinerie unterworfen

Силите на природата са подчинени на волята на човека и неговата машина

Die Chemie wird auf alle Industrieformen und Landwirtschaftsformen angewendet

Химията се прилага във всички форми на промишленост и видове земеделие

Dampfschiffahrt, Eisenbahnen, elektrische Telegraphen und die Druckerpresse

Парна навигация, железопътни линии, електрически телеграфи и печатна преса

Rodung ganzer Kontinente für den Anbau, Kanalisierung von Flüssen

разчистване на цели континенти за обработване, канализация на реки

ganze Populationen wurden aus dem Boden gezaubert und an die Arbeit gebracht

цели популации са били извадени от земята и поставени на работа

Welches frühere Jahrhundert hatte auch nur eine Ahnung von dem, was entfesselt werden könnte?

Кой по-ранен век дори е имал предчувствие за това, което може да бъде отприщено?

Wer hat vorausgesagt, dass solche Produktivkräfte im Schoß der gesellschaftlichen Arbeit schlummern?

Кой предрече, че такива производителни сили дремят в скута на обществения труд?

Wir sehen also, daß die Produktions- und Tauschmittel in der feudalen Gesellschaft erzeugt wurden

Виждаме тогава, че средствата за производство и размяна са били създадени във феодалното общество

die Produktionsmittel, auf deren Grundlage sich die Bourgeoisie aufbaute

средствата за производство, на чиято основа се изгражда буржоазията

Auf einer bestimmten Stufe der Entwicklung dieser Produktions- und Tauschmittel

На определен етап от развитието на тези средства за производство и размяна

die Bedingungen, unter denen die feudale Gesellschaft produzierte und tauschte

условията, при които феодалното общество произвежда и обменя

Die feudale Organisation der Landwirtschaft und des verarbeitenden Gewerbes

Феодалната организация на селското стопанство и преработващата промишленост

Die feudalen Eigentumsverhältnisse waren mit den materiellen Verhältnissen nicht mehr vereinbar

феодалните отношения на собственост вече не бяха съвместими с материалните условия

Sie mussten gesprengt werden, also wurden sie auseinandergesprengt

Те трябваше да бъдат разкъсани, така че бяха разкъсани

An ihre Stelle trat die freie Konkurrenz der Produktivkräfte

На тяхно място се намесва свободната конкуренция от страна на производителните сили

Und sie wurden von einer ihr angepassten sozialen und politischen Verfassung begleitet

и те бяха придружени от социална и политическа конституция, адаптирана към нея

und sie wurde begleitet von der ökonomischen und politischen Herrschaft der Bourgeoisie Klasse

и то беше съпроводено от икономическото и политическо влияние на класата на буржоазията

Eine ähnliche Bewegung vollzieht sich vor unseren eigenen Augen

Подобно движение се случва пред очите ни

Die moderne Bourgeoisie Gesellschaft mit ihren Produktions-, Tausch- und Eigentumsverhältnissen

Съвременното буржоазно общество с неговите производствени отношения, размяна и собственост

eine Gesellschaft, die so gigantische Produktions- und Tauschmittel heraufbeschworen hat

общество, което е създало такива гигантски средства за производство и размяна

Es ist wie der Zauberer, der die Mächte der Unterwelt heraufbeschworen hat

Това е като магьосника, който призова силите на Долния свят

Aber er ist nicht mehr in der Lage, zu kontrollieren, was er in die Welt gebracht hat

но той вече не е в състояние да контролира това, което е донесъл на света

Viele Jahrzehnte lang war die vergangene Geschichte durch einen roten Faden miteinander verbunden

В продължение на много десетилетия историята е била свързана с обща нишка

Die Geschichte der Industrie und des Handels ist nichts anderes als die Geschichte der Revolten

Историята на индустрията и търговията е била само история на бунтове

die Revolten der modernen Produktivkräfte gegen die modernen Produktionsbedingungen

бунтовете на съвременните производителни сили срещу съвременните условия на производство

die Revolten der modernen Produktivkräfte gegen die Eigentumsverhältnisse

бунтовете на съвременните производителни сили срещу отношенията на собственост

diese Eigentumsverhältnisse sind die Bedingungen für die Existenz der Bourgeoisie

тези отношения на собственост са условия за съществуването на буржоазията

und die Existenz der Bourgeoisie bestimmt die Regeln der Eigentumsverhältnisse

а съществуването на буржоазията определя правилата на отношенията на собственост

Es genügt, die periodische Wiederkehr von Handelskrisen zu erwähnen

достатъчно е да споменем периодичното завръщане на търговските кризи

jede Handelskrise ist für die Bourgeoisie Gesellschaft bedrohlicher als die letzte

всяка търговска криза е по-заплашителна за буржоазното общество от предишната

In diesen Krisen wird ein großer Teil der bestehenden Produkte vernichtet

При тези кризи голяма част от съществуващите продукти се унищожават

Diese Krisen zerstören aber auch die zuvor geschaffenen Produktivkräfte

но тези кризи унищожават и създадените преди това производителни сили

In allen früheren Epochen wären diese Epidemien als Absurdität erschienen

във всички по-ранни епохи тези епидемии биха изглеждали абсурдни

denn diese Epidemien sind die kommerziellen Krisen der Überproduktion

защото тези епидемии са търговски кризи на свръхпроизводството

Die Gesellschaft befindet sich plötzlich wieder in einem Zustand der momentanen Barbarei

Обществото изведнъж се оказва отново в състояние на моментно варварство

als ob ein allgemeiner Verwüstungskrieg jede Möglichkeit des Lebensunterhalts abgeschnitten hätte

сякаш една всеобща война на опустошение е отрязала всички средства за препитание

Industrie und Handel scheinen zerstört worden zu sein; Und warum?

индустрията и търговията изглежда са унищожени; И защо?

Weil es zu viel Zivilisation und Subsistenzmittel gibt
Защото има твърде много цивилизация и средства за препитание

Und weil es zu viel Industrie und zu viel Handel gibt
и защото има твърде много индустрия и твърде много търговия

Die Produktivkräfte, die der Gesellschaft zur Verfügung stehen, entwickeln nicht mehr das Bourgeoisie Eigentum
Производителните сили, с които разполага обществото, вече не развиват буржоазната собственост

im Gegenteil, sie sind zu mächtig geworden für diese Verhältnisse, durch die sie gefesselt sind
напротив, те са станали твърде силни за тези условия, от които са оковани

sobald sie diese Fesseln überwunden haben, bringen sie Unordnung in die ganze Bourgeoisie Gesellschaft
щом преодолеят тези окови, те внасят безпорядък в цялото буржоазно общество

und die Produktivkräfte gefährden die Existenz des Bourgeoisie Eigentums
и производителните сили застрашават съществуването на буржоазната собственост

Die Bedingungen der Bourgeoisie Gesellschaft sind zu eng, um den von ihnen geschaffenen Reichtum zu erfassen
Условията на буржоазното общество са твърде тесни, за да обхванат богатството, създадено от тях

Und wie überwindet die Bourgeoisie diese Krisen?
И как буржоазията преодолява тези кризи?

Einerseits überwindet sie diese Krisen durch die erzwungene Vernichtung einer Masse von Produktivkräften
От една страна, тя преодолява тези кризи чрез насилствено унищожаване на маса от производителни сили

Andererseits überwindet sie diese Krisen durch die Eroberung neuer Märkte

От друга страна, тя преодолява тези кризи чрез завладяването на нови пазари

Und sie überwindet diese Krisen durch die gründlichere Ausbeutung der alten Produktivkräfte

и преодолява тези кризи чрез по-задълбочена експлоатация на старите производствени сили

Das heißt, indem sie den Weg für umfangreichere und zerstörerischere Krisen ebnen

С други думи, като проправят пътя за по-обширни и по-разрушителни кризи

Sie überwindet die Krise, indem sie die Mittel zur Krisenprävention einschränkt

той преодолява кризата, като намалява средствата за предотвратяване на кризи

Die Waffen, mit denen die Bourgeoisie den Feudalismus zu Fall brachte, sind jetzt gegen sich selbst gerichtet

Оръжията, с които буржоазията събори феодализма до основи, сега са обърнати срещу самата себе си

Aber die Bourgeoisie hat nicht nur die Waffen geschmiedet, die sich selbst den Tod bringen

Но буржоазията не само е изковала оръжията, които носят смърт на самата себе си

Sie hat auch die Männer ins Leben gerufen, die diese Waffen führen sollen

тя също така е създала хората, които трябва да владеят тези оръжия

Und diese Männer sind die moderne Arbeiterklasse; Sie sind die Proletarier

и тези хора са съвременната работническа класа; те са пролетариите

In dem Maße, wie die Bourgeoisie entwickelt ist, entwickelt sich auch das Proletariat

В степента, в която се развива буржоазията, в същата пропорция се развива и пролетариатът

Die moderne Arbeiterklasse entwickelte eine Klasse von Arbeitern

Съвременната работническа класа развива класа от работници

Diese Klasse von Arbeitern lebt nur so lange, wie sie Arbeit findet

Тази класа работници живее само докато си намери работа

Und sie finden nur so lange Arbeit, wie ihre Arbeit das Kapital vermehrt

и те намират работа само докато техният труд увеличава капитала

Diese Arbeiter, die sich stückweise verkaufen müssen, sind eine Ware

Тези работници, които трябва да се продават на парче, са стока

Diese Arbeiter sind wie jeder andere Handelsartikel

Тези работници са като всеки друг предмет на търговията

und sie sind folglich allen Wechselfällen des Wettbewerbs ausgesetzt

и следователно те са изложени на всички превратности на конкуренцията

Sie müssen alle Schwankungen des Marktes überstehen

те трябва да издържат на всички колебания на пазара

Aufgrund des umfangreichen Maschineneinsatzes und der Arbeitsteilung

Поради широкото използване на машините и разделението на труда

Die Arbeit der Proletarier hat jeden individuellen Charakter verloren

Работата на пролетариите е загубила всякакъв индивидуален характер

Und folglich hat die Arbeit der Proletarier für den Arbeiter jeden Reiz verloren

и следователно работата на пролетариите е загубила всякакво очарование за работника

Er wird zu einem Anhängsel der Maschine und nicht mehr zu dem Mann, der er einmal war

Той се превръща в придатък на машината, а не в човека, който някога е бил

Nur das einfachste, eintönigste und am leichtesten zu erwerbende Geschick wird von ihm verlangt

От него се изисква само най-простото, монотонно и най-лесно придобиваното умение

Daher sind die Produktionskosten eines Arbeiters begrenzt

Следователно производствените разходи на работника са ограничени

sie beschränkt sich fast ausschließlich auf die Mittel zur Bestreitung des Lebensunterhalts, die er zu seinem Unterhalt benötigt

тя е ограничена почти изцяло до средствата за препитание, които той се нуждае за издръжката си

und sie beschränkt sich auf die Subsistenzmittel, die er zur Fortpflanzung seiner Rasse benötigt

и то е ограничено до средствата за препитание, от които се нуждае за размножаване на своята раса

Aber der Preis einer Ware, also auch der Arbeit, ist gleich ihren Produktionskosten

Но цената на стоката, а следователно и на труда, е равна на нейните производствени разходи

In dem Maße also, wie die Widerwärtigkeit der Arbeit zunimmt, sinkt der Lohn

Следователно, пропорционално, с нарастването на отблъскването на работата, заплатата намалява

Ja, die Widerwärtigkeit seiner Arbeit nimmt sogar noch mehr zu

Нещо повече, отблъскването на работата му нараства с още по-голяма скорост

In dem Maße, wie der Einsatz von Maschinen und die Arbeitsteilung zunehmen, steigt auch die Last der Arbeit

С увеличаването на използването на машини и разделението на труда се увеличава и тежестта на труда

Die Arbeitsbelastung wird durch die Verlängerung der Arbeitszeit erhöht
тежестта на труда се увеличава чрез удължаване на работното време
Dem Arbeiter wird in der gleichen Zeit mehr zugemutet als zuvor
от работника се очаква повече в същото време, както и преди
Und natürlich wird die Last der Arbeit durch die Geschwindigkeit der Maschinerie erhöht
и, разбира се, тежестта на труда се увеличава от скоростта на машините
Die moderne Industrie hat die kleine Werkstatt des patriarchalischen Meisters in die große Fabrik des industriellen Kapitalisten verwandelt
Съвременната индустрия превърна малката работилница на патриархалния господар във великата фабрика на индустриалния капиталист
Massen von Arbeitern, die in die Fabrik gedrängt sind, sind wie Soldaten organisiert
Маси от работници, натъпкани във фабриката, са организирани като войници
Als Gefreite der Industriearmee stehen sie unter dem Kommando einer vollkommenen Hierarchie von Offizieren und Unteroffizieren
Като редници на индустриалната армия те са поставени под командването на съвършена йерархия от офицери и сержанти
sie sind nicht nur die Sklaven der Bourgeoisie und des Staates
те са не само роби на класата и държавата на буржоазията
Aber sie werden auch täglich und stündlich von der Maschine versklavt
но те също така ежедневно и ежечасно са поробвани от машината

sie sind Sklaven des Aufsehers und vor allem des einzelnen Bourgeoisie Fabrikanten selbst

те са поробени от надзирателя и преди всичко от самия отделен буржоазен фабрикант

Je offener dieser Despotismus den Gewinn als seinen Zweck und sein Ziel proklamiert, desto kleinlicher, verhaßter und verbitterender ist er

Колкото по-открито този деспотизъм провъзгласява печалбата за своя цел и цел, толкова по-дребнава, толкова по-омразна и по-огорчена е тя

Je mehr sich die moderne Industrie entwickelt, desto geringer sind die Unterschiede zwischen den Geschlechtern

Колкото повече се развива модерната индустрия, толкова по-малки са разликите между половете

Je geringer die Geschicklichkeit und Kraftanstrengung der Handarbeit ist, desto mehr wird die Arbeit der Männer von der der Frauen verdrängt

Колкото по-малко умението и усилието на силата се предполагат в ръчния труд, толкова повече трудът на мъжете се измества от този на жените

Alters- und Geschlechtsunterschiede haben für die Arbeiterklasse keine besondere gesellschaftliche Gültigkeit mehr

Разликите във възрастта и пола вече нямат никаква отличителна социална значимост за работническата класа

Alle sind Arbeitsinstrumente, die je nach Alter und Geschlecht mehr oder weniger teuer zu gebrauchen sind

Всички те са инструменти на труда, повече или по-малко скъпи за използване, в зависимост от възрастта и пола им

sobald der Arbeiter seinen Lohn in bar erhält, wird er von den übrigen Teilen der Bourgeoisie angegriffen

щом работникът получи заплатата си в брой, той бива определен от другите части на буржоазията

der Vermieter, der Ladenbesitzer, der Pfandleiher usw

наемодателят, собственикът на магазина, заложната къща и т.н

Die unteren Schichten der Mittelschicht; die kleinen Handwerker und Ladenbesitzer

По-ниските слоеве на средната класа; дребните търговци и търговците

die pensionierten Gewerbetreibenden überhaupt, die Handwerker und Bauern

пенсионираните търговци като цяло, занаятчиите и селяните

all dies sinkt allmählich in das Proletariat ein

всички те постепенно потъват в пролетариата

theils deshalb, weil ihr winziges Kapital nicht ausreicht für den Maßstab, in dem die moderne Industrie betrieben wird

отчасти защото техният малък капитал не е достатъчен за мащаба, в който се осъществява модерната индустрия

und weil sie in der Konkurrenz mit den Großkapitalisten überschwemmt wird

и защото е потопен в конкуренцията с едрите капиталисти

zum Teil deshalb, weil ihr spezialisiertes Können durch die neuen Produktionsmethoden wertlos wird

отчасти защото техните специализирани умения обезценяват новите методи на производство

So rekrutiert sich das Proletariat aus allen Klassen der Bevölkerung

Така пролетариатът се набира от всички класи на населението

Das Proletariat durchläuft verschiedene Entwicklungsstufen

Пролетариатът преминава през различни етапи на развитие

Mit ihrer Geburt beginnt der Kampf mit der Bourgeoisie

С раждането му започва борбата му с буржоазията

Zuerst wird der Kampf von einzelnen Arbeitern geführt

Отначало състезанието се води от отделни работници

Dann wird der Kampf von den Arbeitern einer Fabrik ausgetragen

тогава състезанието се провежда от работниците на фабриката

Dann wird der Kampf von den Arbeitern eines Gewerbes an einem Ort ausgetragen

след това състезанието се води от работниците на един занаят, в едно населено място

und der Kampf richtet sich dann gegen die einzelne Bourgeoisie, die sie direkt ausbeutet

и тогава състезанието е срещу отделната буржоазия, която директно ги експлоатира

Sie richten ihre Angriffe nicht gegen die Bourgeoisie Produktionsbedingungen

Те насочват своите атаки не срещу буржоазните условия на производство

aber sie richten ihren Angriff gegen die Produktionsmittel selbst

но те насочват атаката си срещу самите инструменти за производство

Sie vernichten importierte Waren, die mit ihrer Arbeitskraft konkurrieren

те унищожават вносни стоки, които се конкурират с техния труд

Sie zertrümmern Maschinen und setzen Fabriken in Brand

Те разбиват на парчета машини и подпалват фабрики

sie versuchen, den verschwundenen Status des Arbeiters des Mittelalters mit Gewalt wiederherzustellen

те се стремят да възстановят със сила изчезналия статут на работника от Средновековието

In diesem Stadium bilden die Arbeiter noch eine unzusammenhängende Masse, die über das ganze Land verstreut ist

На този етап работниците все още образуват несвързана маса, разпръсната из цялата страна

und sie werden durch ihre gegenseitige Konkurrenz zerrissen

и те са разбити от взаимното си съревнование

Wenn sie sich irgendwo zu kompakteren Körpern vereinigen, so ist dies noch nicht die Folge ihrer eigenen aktiven Vereinigung

Ако някъде те се обединят, за да образуват по-компактни тела, това все още не е следствие от техния собствен активен съюз

aber es ist eine Folge der Vereinigung der Bourgeoisie, ihre eigenen politischen Ziele zu erreichen

но това е следствие от обединението на буржоазията, за да постигне собствените си политически цели

die Bourgeoisie ist gezwungen, das ganze Proletariat in Bewegung zu setzen

буржоазията е принудена да задвижи целия пролетариат

und überdies ist die Bourgeoisie eine Zeitlang dazu in der Lage

и освен това за известно време буржоазията е в състояние да направи това

In diesem Stadium kämpfen die Proletarier also nicht gegen ihre Feinde

Следователно на този етап пролетариите не се борят с враговете си

Stattdessen kämpfen sie gegen die Feinde ihrer Feinde

но вместо това те се борят с враговете на враговете си.

Der Kampf gegen die Überreste der absoluten Monarchie und die Großgrundbesitzer

борбата с остатъците от абсолютната монархия и помешчиците

sie bekämpfen die nicht-industrielle Bourgeoisie; das Kleiliche Bourgeoisie

те се борят с неиндустриалната буржоазия; дребната буржоазия

So ist die ganze historische Bewegung in den Händen der Bourgeoisie konzentriert

Така цялото историческо движение е съсредоточено в ръцете на буржоазията

jeder so errungene Sieg ist ein Sieg der Bourgeoisie

всяка така постигната победа е победа за буржоазията

Aber mit der Entwicklung der Industrie wächst nicht nur die Zahl des Proletariats

Но с развитието на индустрията пролетариатът не само се увеличава по брой

das Proletariat konzentriert sich in größeren Massen und seine Kraft wächst

пролетариатът се концентрира в по-големи маси и силата му нараства

und das Proletariat spürt diese Kraft mehr und mehr

и пролетариатът усеща тази сила все повече и повече

Die verschiedenen Interessen und Lebensbedingungen in den Reihen des Proletariats gleichen sich mehr und mehr an

Различните интереси и условия на живот в редиците на пролетариата все повече се изравняват

sie werden in dem Maße größer, wie die Maschinerie alle Unterschiede der Arbeit verwischt

те стават все по-пропорционални, тъй като машините заличават всички различия на труда

Und die Maschinen senken fast überall die Löhne auf das gleiche niedrige Niveau

а машините почти навсякъде намаляват заплатите до същото ниско ниво

Die wachsende Konkurrenz der Bourgeoisie und die daraus resultierenden Handelskrisen lassen die Löhne der Arbeiter immer schwankender

Нарастващата конкуренция между буржоазията и произтичащите от нея търговски кризи правят заплатите на работниците все по-колебаещи се

Die unaufhörliche Verbesserung der sich immer schneller entwickelnden Maschinen macht ihren Lebensunterhalt immer prekärer

Непрекъснатото усъвършенстване на машините, все по-бързо развиващо се, прави поминъка им все по-несигурен

die Kollisionen zwischen einzelnen Arbeitern und einzelnen Bourgeoisien nehmen immer mehr den Charakter von Zusammenstößen zwischen zwei Klassen an

сблъсъците между отделните работници и отделната буржоазия все повече придобиват характер на сблъсъци между две класи

Darauf beginnen die Arbeiter, sich gegen die Bourgeoisie zu verbünden (Gewerkschaften)

След това работниците започват да образуват комбинации (профсъюзи) срещу буржоазията

Sie schließen sich zusammen, um die Löhne hoch zu halten

те се обединяват, за да поддържат процента на заплатите

sie gründeten ständige Vereinigungen, um für diese gelegentlichen Revolten im voraus Vorsorge zu treffen

те намериха постоянни сдружения, за да се погрижат предварително за тези случайни бунтове

Hier und da bricht der Wettkampf in Ausschreitungen aus

Тук-там състезанието избухва в бунтове

Hin und wieder siegen die Arbeiter, aber nur für eine gewisse Zeit

От време на време работниците побеждават, но само за известно време

Die wirkliche Frucht ihrer Kämpfe liegt nicht in den unmittelbaren Ergebnissen, sondern in der immer größer werdenden Vereinigung der Arbeiter

Истинският плод на техните битки се крие не в непосредствения резултат, а във все по-разширяващия се съюз на работниците

Diese Vereinigung wird durch die verbesserten Kommunikationsmittel unterstützt, die von der modernen Industrie geschaffen werden

Този съюз е подпомогнат от подобрените средства за комуникация, създадени от съвременната индустрия

Die moderne Kommunikation bringt die Arbeiter verschiedener Orte miteinander in Kontakt

съвременната комуникация поставя работниците от
различни населени места в контакт помежду си

**Es war gerade dieser Kontakt, der nötig war, um die
zahlreichen lokalen Kämpfe zu einem nationalen Kampf
zwischen den Klassen zu zentralisieren**

Именно този контакт беше необходим, за да се
централизират многобройните местни борби в една
национална борба между класите

**Alle diese Kämpfe haben den gleichen Charakter, und jeder
Klassenkampf ist ein politischer Kampf**

Всички тези борби са от един и същ характер и всяка
класова борба е политическа борба

**die Bürger des Mittelalters mit ihren elenden Landstraßen
brauchten Jahrhunderte, um ihre Vereinigungen zu bilden**

бюргерите от Средновековието, с техните мизерни
магистрали, са имали нужда от векове, за да създадат
своите съюзи

**Die modernen Proletarier erreichen dank der Eisenbahn ihre
Gewerkschaften innerhalb weniger Jahre**

Съвременните пролетарии, благодарение на железниците,
постигат своите съюзи в рамките на няколко години

**Diese Organisation der Proletarier zu einer Klasse formte sie
folglich zu einer politischen Partei**

Впоследствие тази организация на пролетариите в класа
ги превърна в политическа партия

**Die politische Klasse wird immer wieder durch die
Konkurrenz zwischen den Arbeitern selbst verärgert**

политическата класа непрекъснато отново се разстройва
от конкуренцията между самите работници

**Aber die politische Klasse erhebt sich weiter, stärker, fester,
mächtiger**

Но политическата класа продължава да се издига отново,
по-силна, по-силна, по-силна

**Er zwingt zur gesetzgeberischen Anerkennung der
besonderen Interessen der Arbeitnehmer**

Той задължава законодателното признаване на особените
интереси на работниците
**sie tut dies, indem sie sich die Spaltungen innerhalb der
Bourgeoisie selbst zunutze macht**
той прави това, като се възползва от разделенията сред
самата буржоазия
**Damit wurde das Zehnstundengesetz in England in Kraft
gesetzt**
Така десетчасовият законопроект в Англия беше приет в
сила
**in vielerlei Hinsicht ist der Zusammenstoß zwischen den
Klassen der alten Gesellschaft ferner der Entwicklungsgang
des Proletariats**
в много отношения сблъсъците между класите на старото
общество са по-нататъшно развитие на пролетариата
Die Bourgeoisie befindet sich in einem ständigen Kampf
Буржоазията се оказва въвлечена в постоянна битка
**Zuerst wird sie sich in einem ständigen Kampf mit der
Aristokratie wiederfinden**
Отначало тя ще се окаже въвлечена в постоянна битка с
аристокрацията
**später wird sie sich in einem ständigen Kampf mit diesen
Teilen der Bourgeoisie selbst wiederfinden**
по-късно тя ще се окаже въвлечена в постоянна битка с
тези части от самата буржоазия
**und ihre Interessen werden dem Fortschritt der Industrie
entgegengesetzt sein**
и техните интереси ще станат антагонистични на прогреса
на индустрията
**zu allen Zeiten werden ihre Interessen mit der Bourgeoisie
fremder Länder in Konflikt geraten sein**
във всяко време техните интереси ще станат
антагонистични с буржоазията на чуждите страни
**In allen diesen Kämpfen sieht sie sich genötigt, an das
Proletariat zu appellieren, und bittet es um Hilfe**

Във всички тези битки той се вижда принуден да се обърне към пролетариата и моли за помощта му

Und so wird sie sich gezwungen sehen, sie in die politische Arena zu zerren

и по този начин ще се почувства принуден да го извлече на политическата арена

Die Bourgeoisie selbst versorgt also das Proletariat mit ihren eigenen Instrumenten der politischen und allgemeinen Erziehung

Следователно самата буржоазия снабдява пролетариата със свои собствени инструменти за политическо и общо възпитание

mit anderen Worten, sie liefert dem Proletariat Waffen für den Kampf gegen die Bourgeoisie

с други думи, тя снабдява пролетариата с оръжие за борба с буржоазията

Ferner werden, wie wir schon gesehen haben, ganze Schichten der herrschenden Klassen in das Proletariat hineingestürzt

По-нататък, както вече видяхме, цели слоеве на господстващите класи се изхвърлят в пролетариата

der Fortschritt der Industrie saugt sie in das Proletariat hinein

напредъкът на индустрията ги засмуква в пролетариата

oder zumindest sind sie in ihren Existenzbedingungen bedroht

или поне са застрашени в условията на съществуване

Diese versorgen auch das Proletariat mit frischen Elementen der Aufklärung und des Fortschritts

Те също така снабдяват пролетариата със свежи елементи на просвещение и прогрес

Endlich, in Zeiten, in denen sich der Klassenkampf der entscheidenden Stunde nähert

И накрая, във времена, когато класовата борба наближава решителния час

Der Auflösungsprozess innerhalb der herrschenden Klasse

процесът на разпадане, протичащ в управляващата класа

In der Tat wird die Auflösung, die sich innerhalb der herrschenden Klasse vollzieht, in der gesamten Bandbreite der Gesellschaft zu spüren sein

всъщност разпадането, което се случва в управляващата класа, ще се усети в цялото общество

Sie wird einen so gewalttätigen, krassen Charakter annehmen, dass ein kleiner Teil der herrschenden Klasse sich selbst abtreibt

Тя ще придобие такъв насилствен, крещящ характер, че малка част от управляващата класа ще се откъсне

Und diese herrschende Klasse wird sich der revolutionären Klasse anschließen

и тази управляваща класа ще се присъедини към революционната класа

Die revolutionäre Klasse ist die Klasse, die die Zukunft in ihren Händen hält

революционната класа е класата, която държи бъдещето в ръцете си

Wie in früheren Zeiten ging ein Teil des Adels zur Bourgeoisie über

Точно както в по-ранен период, част от благородничеството преминава към буржоазията

ebenso wird ein Teil der Bourgeoisie zum Proletariat übergehen

по същия начин част от буржоазията ще премине към пролетариата

insbesondere wird ein Teil der Bourgeoisie zu einem Teil der Bourgeoisie Ideologen übergehen

по-специално, част от буржоазията ще премине към част от буржоазните идеолози

Bourgeoisie Ideologen, die sich auf die Ebene erhoben haben, die historische Bewegung als Ganzes theoretisch zu begreifen

Буржоазни идеолози, които се издигнаха до нивото на теоретично разбиране на историческото движение като цяло

Von allen Klassen, die heute der Bourgeoisie gegenüberstehen, ist das Proletariat allein eine wirklich revolutionäre Klasse

От всички класи, които днес стоят лице в лице с буржоазията, само пролетариатът е наистина революционна класа

Die anderen Klassen zerfallen und verschwinden schließlich im Angesicht der modernen Industrie

Другите класи се разпадат и накрая изчезват пред лицето на модерната индустрия

das Proletariat ist ihr besonderes und wesentliches Produkt

Пролетариатът е негов специален и основен продукт

Die untere Mittelschicht, der kleine Fabrikant, der Ladenbesitzer, der Handwerker, der Bauer

Долната средна класа, дребният производител, магазинерът, занаятчият, селянината

all diese Kämpfe gegen die Bourgeoisie

всички тези борби срещу буржоазията

Sie kämpfen als Fraktionen der Mittelschicht, um sich vor dem Aussterben zu retten

те се борят като фракции от средната класа, за да се спасят от изчезване

Sie sind also nicht revolutionär, sondern konservativ

Следователно те не са революционни, а консервативни

Ja, mehr noch, sie sind reaktionär, denn sie versuchen, das Rad der Geschichte zurückzudrehen

Нещо повече, те са реакционни, защото се опитват да върнат колелото на историята назад

Wenn sie zufällig revolutionär sind, so sind sie es nur im Hinblick auf ihre bevorstehende Überführung in das Proletariat

Ако случайно те са революционни, те са такива само с оглед на предстоящото им прехвърляне в пролетариата

Sie verteidigen also nicht ihre gegenwärtigen, sondern ihre zukünftigen Interessen

По този начин те защитават не настоящите си, а бъдещите си интереси

sie verlassen ihren eigenen Standpunkt, um sich auf den des Proletariats zu stellen

те изоставят собствената си гледна точка, за да се поставят на тази на пролетариата

Die »gefährliche Klasse«, der soziale Abschaum, diese passiv verrottende Masse, die von den untersten Schichten der alten Gesellschaft abgeworfen wird

"Опасната класа", социалната, тази пасивно гниеща маса, изхвърлена от най-ниските слоеве на старото общество

sie können hier und da von einer proletarischen Revolution in die Bewegung hineingerissen werden

те могат тук-там да бъдат пометени в движението от пролетарска революция

Seine Lebensbedingungen bereiten ihn jedoch viel mehr auf die Rolle eines bestochenen Werkzeugs reaktionärer Intrigen vor

условията на живот обаче го подготвят много повече за ролята на подкупено оръдие на реакционни интриги

In den Verhältnissen des Proletariats sind die Verhältnisse der alten Gesellschaft im Allgemeinen bereits praktisch überschwemmt

В условията на пролетариата тези на старото общество като цяло вече са фактически затрупани

Der Proletarier ist ohne Eigentum

Пролетарият е без собственост

sein Verhältnis zu Frau und Kindern hat mit den Familienverhältnissen der Bourgeoisie nichts mehr gemein

отношението му към жена и децата вече няма нищо общо със семейните отношения на буржоазията

moderne industrielle Arbeit, moderne Unterwerfung unter das Kapital, dasselbe in England wie in Frankreich, in Amerika wie in Deutschland

модерен индустриален труд, модерно подчинение на капитала, същото в Англия, както във Франция, в Америка, така и в Германия

Seine Stellung in der Gesellschaft hat ihm jede Spur von nationalem Charakter genommen

положението му в обществото го е лишило от всяка следа от национален характер

Gesetz, Moral, Religion sind für ihn so viele Bourgeoisie Vorurteile

Законът, моралът, религията са за него толкова много буржоазни предразсъдъци

und hinter diesen Vorurteilen lauern ebenso viele Bourgeoisie Interessen

и зад тези предразсъдъци се крият в засада също толкова буржоазни интереси

Alle vorhergehenden Klassen, die die Oberhand gewannen, versuchten, ihren bereits erworbenen Status zu festigen

Всички предишни класи, които получиха надмощие, се стремяха да укрепят вече придобития си статут

Sie taten dies, indem sie die Gesellschaft als Ganzes ihren Aneignungsbedingungen unterwarfen

те направиха това, като подчиниха обществото като цяло на своите условия на присвояване

Die Proletarier können nicht Herren der Produktivkräfte der Gesellschaft werden

Пролетариите не могат да станат господари на производителните сили на обществото

Sie kann dies nur tun, indem sie ihre eigene bisherige Aneignungsweise abschafft

то може да направи това само чрез премахване на собствения си предишен начин на присвояване

Und damit hebt sie auch jede andere bisherige Aneignungsweise auf

и по този начин премахва и всеки друг предишен начин на присвояване

Sie haben nichts Eigenes zu sichern und zu festigen

Те нямат нищо свое, което да обезопасят и укрепят.

Ihre Aufgabe ist es, alle bisherigen Sicherheiten und Versicherungen für individuelles Eigentum zu vernichten

тяхната мисия е да унищожат всички предишни ценни книжа и застраховки на индивидуална собственост

Alle bisherigen historischen Bewegungen waren Bewegungen von Minderheiten

Всички предишни исторически движения са били движения на малцинства

oder es handelte sich um Bewegungen im Interesse von Minderheiten

или са движения в интерес на малцинствата

Die proletarische Bewegung ist die selbstbewusste, selbständige Bewegung der ungeheuren Mehrheit

Пролетарското движение е самосъзнателно, независимо движение на огромното мнозинство

Und es ist eine Bewegung im Interesse der großen Mehrheit

и това е движение в интерес на огромното мнозинство

Das Proletariat, die unterste Schicht unserer heutigen Gesellschaft

Пролетариатът, най-ниският слой на нашето сегашно общество

Sie kann sich nicht regen oder erheben, ohne daß die ganze übergeordnete Schicht der offiziellen Gesellschaft in die Luft geschleudert wird

Тя не може да се раздвижи или да се издигне, без да се издигнат във въздуха всички управляващи слоеве на официалното общество

Der Kampf des Proletariats mit der Bourgeoisie ist, wenn auch nicht der Substanz nach, doch zunächst ein nationaler Kampf

Макар и не по същество, но по форма, борбата на пролетариата с буржоазията е отначало национална борба

Das Proletariat eines jeden Landes muss natürlich vor allem mit seiner eigenen Bourgeoisie abrechnen

Пролетариатът на всяка страна трябва, разбира се, преди всичко да уреди въпросите със своята буржоазия

Indem wir die allgemeinsten Phasen der Entwicklung des Proletariats schilderten, verfolgten wir den mehr oder weniger verhüllten Bürgerkrieg

Изобразявайки най-общите фази на развитието на пролетариата, ние проследихме повече или по-малко завоалираната гражданска война

Diese Zivilgesellschaft wütet in der bestehenden Gesellschaft

Това гражданско бушува в съществуващото общество

Er wird bis zu dem Punkt wüten, an dem dieser Krieg in eine offene Revolution ausbricht

тя ще бушува до точката, в която тази война избухне в открита революция

und dann legt der gewaltsame Sturz der Bourgeoisie die Grundlage für die Herrschaft des Proletariats

и тогава насилственото сваляне на буржоазията полага основите на властта на пролетариата

Bisher beruhte jede Gesellschaftsform, wie wir bereits gesehen haben, auf dem Antagonismus unterdrückender und unterdrückter Klassen

Досега всяка форма на общество се основаваше, както вече видяхме, на антагонизма на потиснатите и потиснатите класи

Um aber eine Klasse zu unterdrücken, müssen ihr gewisse Bedingungen zugesichert werden

Но за да се потиска една класа, трябва да й се осигурят определени условия

Die Klasse muss unter Bedingungen gehalten werden, unter denen sie wenigstens ihre sklavische Existenz fortsetzen kann

класата трябва да се поддържа при условия, в които тя може поне да продължи своето робско съществуване

Der Leibeigene erhob sich in der Zeit der Leibeigenschaft zum Mitglied der Kommune

Крепостният селянин в периода на крепостничеството се издига до член на комуната

so wie es dem Kleinbourgeoisie unter dem Joch des feudalen Absolutismus gelang, sich zur Bourgeoisie zu entwickeln

точно както дребната буржоазия, под игото на феодалния абсолютизъм, успя да се превърне в буржоазия

Der moderne Arbeiter dagegen sinkt, anstatt sich mit dem Fortschritt der Industrie zu erheben, immer tiefer

Съвременният работник, напротив, вместо да се издига с напредъка на индустрията, потъва все по-дълбоко и по-дълбоко

Er sinkt unter die Existenzbedingungen seiner eigenen Klasse

той потъва под условията на съществуване на собствената си класа

Er wird ein Bettler, und der Pauperismus entwickelt sich schneller als Bevölkerung und Reichtum

Той става просяк, а пауперизмът се развива по-бързо от населението и богатството

Und hier zeigt sich, dass die Bourgeoisie nicht mehr geeignet ist, die herrschende Klasse in der Gesellschaft zu sein

И тук става ясно, че буржоазията вече не е годна да бъде господстваща класа в обществото

und sie ist ungeeignet, der Gesellschaft ihre Existenzbedingungen als übergeordnetes Gesetz aufzuzwingen

и е неподходящо да налага своите условия на съществуване на обществото като върховен закон

Sie ist unfähig zu herrschen, weil sie unfähig ist, ihrem Sklaven in seiner Sklaverei eine Existenz zu sichern

То е неспособно да управлява, защото е некомпетентно да осигури съществуване на своя роб в неговото робство

denn sie kann nicht anders, als ihn in einen solchen Zustand sinken zu lassen, daß sie ihn ernähren muss, statt von ihm gefüttert zu werden

защото не може да не го остави да потъне в такова състояние, че трябва да го храни, вместо да бъде хранен от него

Die Gesellschaft kann nicht länger unter dieser Bourgeoisie leben

Обществото вече не може да живее под тази буржоазия

Mit anderen Worten, ihre Existenz ist nicht mehr mit der Gesellschaft vereinbar

С други думи, съществуването му вече не е съвместимо с обществото

Die wesentliche Bedingung für die Existenz und die Herrschaft der Bourgeoisie Klasse ist die Bildung und Vermehrung des Kapitals

Съществено условие за съществуването и за господството на класата на буржоазията е формирането и увеличаването на капитала

Die Bedingung für das Kapital ist Lohnarbeit

условието за капитал е наемният труд

Die Lohnarbeit beruht ausschließlich auf der Konkurrenz zwischen den Arbeitern

Наемният труд почива изключително на конкуренцията между работниците

Der Fortschritt der Industrie, deren unfreiwilliger Förderer die Bourgeoisie ist, tritt an die Stelle der Isolierung der Arbeiter

Напредъкът на индустрията, чийто неволен поддръжник е буржоазията, замества изолацията на работниците

durch die Konkurrenz, durch ihre revolutionäre Kombination, durch die Assoziation

поради конкуренцията, поради революционната им комбинация, поради асоциацията

Die Entwicklung der modernen Industrie schneidet ihr die Grundlage unter den Füßen weg, auf der die Bourgeoisie Produkte produziert und sich aneignet

Развитието на модерната индустрия изрязва изпод краката й самата основа, върху която буржоазията произвежда и присвоява продукти

Was die Bourgeoisie vor allem produziert, sind ihre eigenen Totengräber

Това, което буржоазията произвежда, преди всичко, са собствените си гробари

Der Sturz der Bourgeoisie und der Sieg des Proletariats sind gleichermaßen unvermeidlich

Падането на буржоазията и победата на пролетариата са еднакво неизбежни

Proletarier und Kommunisten
Пролетарии и комунисти

In welchem Verhältnis stehen die Kommunisten zu den Proletariern insgesamt?

В какво отношение стоят комунистите към пролетариите като цяло?

Die Kommunisten bilden keine eigene Partei, die anderen Arbeiterparteien entgegengesetzt ist

Комунистите не образуват отделна партия, противоположна на другите партии на работническата класа

Sie haben keine Interessen, die von denen des Proletariats als Ganzes getrennt und getrennt sind

Те нямат интереси, отделни и отделни от тези на пролетариата като цяло

Sie stellen keine eigenen sektiererischen Prinzipien auf, nach denen sie die proletarische Bewegung formen und formen könnten

Те не установяват никакви собствени сектантски принципи, чрез които да оформят и оформят пролетарското движение

Die Kommunisten unterscheiden sich von den anderen Arbeiterparteien nur durch zwei Dinge

Комунистите се отличават от другите работнически партии само с две неща

Erstens: Sie weisen auf die gemeinsamen Interessen des gesamten Proletariats hin und bringen sie in den Vordergrund, unabhängig von jeder Nationalität

Първо, те изтъкват и извеждат на преден план общите интереси на целия пролетариат, независимо от всяка националност

Das tun sie in den nationalen Kämpfen der Proletarier der verschiedenen Länder

това те правят в националните борби на пролетариите от различните страни

Zweitens vertreten sie immer und überall die Interessen der gesamten Bewegung

Второ, те винаги и навсякъде представляват интересите на движението като цяло

das tun sie in den verschiedenen Entwicklungsstadien, die der Kampf der Arbeiterklasse gegen die Bourgeoisie zu durchlaufen hat

това те правят в различните стадии на развитие, през които трябва да премине борбата на работническата класа срещу буржоазията

Die Kommunisten sind also auf der einen Seite praktisch der fortschrittlichste und entschiedenste Teil der Arbeiterparteien eines jeden Landes

Следователно комунистите са, от една страна, на практика, най-напредналата и решителна част от работническите партии във всяка страна

Sie sind der Teil der Arbeiterklasse, der alle anderen vorantreibt

те са онази част от работническата класа, която тласка напред всички останали

Theoretisch haben sie auch den Vorteil, dass sie die Marschlinie klar verstehen

Теоретично те също имат предимството да разбират ясно линията на похода

Das verstehen sie besser im Vergleich zu der großen Masse des Proletariats

Те разбират това по-добре в сравнение с огромната маса на пролетариата

Sie verstehen die Bedingungen und die letzten allgemeinen Ergebnisse der proletarischen Bewegung

те разбират условията и крайните общи резултати на пролетарското движение

Das unmittelbare Ziel des Kommunisten ist dasselbe wie das aller anderen proletarischen Parteien

Непосредствената цел на комунистите е същата като тази на всички останали пролетарски партии

Ihr Ziel ist die Formierung des Proletariats zu einer Klasse
тяхната цел е формирането на пролетариата в класа
sie zielen darauf ab, die Vorherrschaft der Bourgeoisie zu stürzen
те се стремят да свалят господството на буржоазията
das Streben nach politischer Machteroberung durch das Proletariat
стремежът към завладяване на политическата власт от пролетариата
Die theoretischen Schlußfolgerungen der Kommunisten beruhen in keiner Weise auf Ideen oder Prinzipien der Reformer
Теоретичните заключения на комунистите по никакъв начин не се основават на идеи или принципи на реформаторите
es waren keine Möchtegern-Universalreformer, die die theoretischen Schlussfolgerungen der Kommunisten erfunden oder entdeckt haben
не бъдещите универсални реформатори са тези, които са измислили или открили теоретичните заключения на комунистите
Sie drücken lediglich in allgemeinen Begriffen tatsächliche Verhältnisse aus, die aus einem bestehenden Klassenkampf hervorgehen
Те просто изразяват в общи линии действителните отношения, произтичащи от съществуващата класова борба
Und sie beschreiben die historische Bewegung, die sich unter unseren Augen abspielt und die diesen Klassenkampf hervorgebracht hat
и те описват историческото движение, което се случва пред очите ни, което е създало тази класова борба
Die Abschaffung bestehender Eigentumsverhältnisse ist keineswegs ein charakteristisches Merkmal des Kommunismus

Премахването на съществуващите отношения на
собственост изобщо не е отличителна черта на комунизма
**Alle Eigentumsverhältnisse in der Vergangenheit waren
einem ständigen historischen Wandel unterworfen**
Всички отношения на собственост в миналото са били
непрекъснато обект на исторически промени
**Und diese Veränderungen waren eine Folge der
Veränderung der historischen Bedingungen**
и тези промени са следствие от промяната на
историческите условия
**Die Französische Revolution zum Beispiel schaffte das
Feudaleigentum zugunsten des Bourgeoisie Eigentums ab**
Френската революция, например, премахва феодалната
собственост в полза на буржоазната собственост
**Das Unterscheidungsmerkmal des Kommunismus ist nicht
die Abschaffung des Eigentums im Allgemeinen**
Отличителната черта на комунизма не е премахването на
собствеността като цяло
**aber das Unterscheidungsmerkmal des Kommunismus ist
die Abschaffung des Bourgeoisie Eigentums**
но отличителната черта на комунизма е премахването на
буржоазната собственост
**Aber das Privateigentum der modernen Bourgeoisie ist der
letzte und vollständigste Ausdruck des Systems der
Produktion und Aneignung von Produkten**
Но съвременната частна собственост на буржоазията е
окончателният и най-пълен израз на системата на
производство и присвояване на продукти
**Es ist der Endzustand eines Systems, das auf
Klassengegensätzen beruht, wobei der
Klassenantagonismus die Ausbeutung der Vielen durch die
Wenigen ist**
Това е окончателното състояние на системата, която се
основава на класови антагонизми, където класовият
антагонизъм е експлоатация на мнозинството от малцина

In diesem Sinne läßt sich die Theorie der Kommunisten in einem einzigen Satz zusammenfassen; die Abschaffung des Privateigentums

В този смисъл теорията на комунистите може да бъде обобщена в едно изречение; премахването на частната собственост

Uns Kommunisten hat man vorgeworfen, das Recht auf persönlichen Eigentumserwerb abschaffen zu wollen

Ние, комунистите, бяхме упреквани в желанието да се премахне правото на лично придобиване на собственост

Es wird behauptet, dass diese Eigenschaft die Frucht der eigenen Arbeit eines Menschen ist

твърди се, че това свойство е плод на собствения труд на човека

Und diese Eigenschaft soll die Grundlage aller persönlichen Freiheit, Aktivität und Unabhängigkeit sein.

и се твърди, че това свойство е основата на цялата лична свобода, дейност и независимост.

"Hart erkämpftes, selbst erworbenes, selbst verdientes Eigentum!"

"Трудно спечелена, самостоятелно придобита, самоспечелена собственост!"

Meinst du das Eigentum des kleinen Handwerkers und des Kleinbauern?

Имате предвид собствеността на дребния занаятчия и на дребния селянин?

Meinen Sie eine Form des Eigentums, die der Bourgeoisie Form vorausging?

Имате предвид форма на собственост, която предшества буржоазната форма?

Es ist nicht nötig, sie abzuschaffen, die Entwicklung der Industrie hat sie zum großen Teil bereits zerstört

Няма нужда да се премахва това, развитието на промишлеността до голяма степен вече го е унищожило

Und die Entwicklung der Industrie zerstört sie immer noch täglich

и развитието на индустрията все още я унищожава
ежедневно

Oder meinen Sie das moderne Bourgeoisie Privateigentum?
Или имате предвид съвременната буржоазия частна
собственост?

**Aber schafft die Lohnarbeit irgendein Eigentum für den
Arbeiter?**
Но създава ли наемният труд някаква собственост на
работника?

**Nein, die Lohnarbeit schafft nicht ein bisschen von dieser
Art von Eigentum!**
Не, наемният труд не създава нито една частица от този
вид собственост!

**Was Lohnarbeit schafft, ist Kapital; jene Art von Eigentum,
das Lohnarbeit ausbeutet**
това, което наемният труд създава, е капиталът; този вид
собственост, която експлоатира наемния труд

**Das Kapital kann sich nur unter der Bedingung vermehren,
daß es ein neues Angebot an Lohnarbeit für neue
Ausbeutung erzeugt**
капиталът не може да се увеличава освен при условие, че
се поражда ново предлагане на наемен труд за нова
експлоатация

**Das Eigentum in seiner jetzigen Form beruht auf dem
Antagonismus von Kapital und Lohnarbeit**
Собствеността в сегашния си вид се основава на
антагонизма на капитала и наемния труд

Betrachten wir beide Seiten dieses Antagonismus
Нека разгледаме и двете страни на този антагонизъм

**Kapitalist zu sein bedeutet nicht nur, einen rein
persönlichen Status zu haben**
Да бъдеш капиталист означава да имаш не само чисто
личен статут

**Stattdessen bedeutet Kapitalist zu sein auch, einen sozialen
Status in der Produktion zu haben**

Вместо това да бъдеш капиталист означава да имаш и социален статус в производството

weil Kapital ein kollektives Produkt ist; Nur durch das gemeinsame Handeln vieler Mitglieder kann sie in Gang gesetzt werden

защото капиталът е колективен продукт; Само чрез обединените действия на много членове на ЕП тя може да бъде задвижена

Aber dieses gemeinsame Handeln ist der letzte Ausweg und erfordert eigentlich alle Mitglieder der Gesellschaft

Но това обединено действие е крайна мярка и всъщност изисква всички членове на обществото

Das Kapital verwandelt sich in das Eigentum aller Mitglieder der Gesellschaft

Капиталът се превръща в собственост на всички членове на обществото

aber das Kapital ist also keine persönliche Macht; Es ist eine gesellschaftliche Macht

но следователно капиталът не е лична сила; тя е социална сила

Wenn also Kapital in gesellschaftliches Eigentum umgewandelt wird, so verwandelt sich dadurch nicht persönliches Eigentum in gesellschaftliches Eigentum

Така че, когато капиталът се превръща в обществена собственост, личната собственост не се превръща в обществена собственост

Nur der gesellschaftliche Charakter des Eigentums wird verändert und verliert seinen Klassencharakter

Само социалният характер на собствеността се променя и губи своя класов характер

Betrachten wir nun die Lohnarbeit

Нека сега разгледаме наемния труд

Der Durchschnittspreis der Lohnarbeit ist der Mindestlohn, d.h. das Quantum der Lebensmittel

Средната цена на наемния труд е минималната работна заплата, т.е. тази сума на средствата за издръжка

Dieser Lohn ist für die bloße Existenz als Arbeiter absolut notwendig

тази заплата е абсолютно необходима за голото съществуване на работника

Was sich also der Lohnarbeiter durch seine Arbeit aneignet, genügt nur, um ein bloßes Dasein zu verlängern und zu reproduzieren

Следователно това, което наемният работник присвоява чрез своя труд, е достатъчно само за удължаване и възпроизвеждане на голото съществуване

Wir beabsichtigen keineswegs, diese persönliche Aneignung der Arbeitsprodukte abzuschaffen

Ние в никакъв случай не възнамеряваме да премахнем това лично присвояване на продуктите на труда

eine Aneignung, die für die Erhaltung und Reproduktion des menschlichen Lebens bestimmt ist

бюджетни кредити, които се отпускат за поддържане и възпроизводство на човешкия живот

Eine solche persönliche Aneignung der Arbeitsprodukte lässt keinen Überschuss übrig, mit dem man die Arbeit anderer befehlen könnte

Такова лично присвояване на продуктите на труда не оставя излишък, с който да се командва трудът на другите

Alles, was wir beseitigen wollen, ist der erbärmliche Charakter dieser Aneignung

Всичко, което искаме да премахнем, е мизерният характер на това присвояване

die Aneignung, unter der der Arbeiter lebt, bloß um das Kapital zu vermehren

присвояването, с което работникът живее само за да увеличи капитала

Er darf nur leben, soweit es das Interesse der herrschenden Klasse erfordert

Позволено му е да живее само дотолкова, доколкото интересите на управляващата класа го изискват

In der Bourgeoisie Gesellschaft ist die lebendige Arbeit nur ein Mittel, um die akkumulierte Arbeit zu vermehren

В буржоазното общество живият труд е само средство за увеличаване на натрупания труд

In der kommunistischen Gesellschaft ist die akkumulierte Arbeit nur ein Mittel, um die Existenz des Arbeiters zu erweitern, zu bereichern und zu fördern

В комунистическото общество натрупаният труд е само средство за разширяване, обогатяване, подпомагане на съществуването на работника

In der Bourgeoisie Gesellschaft dominiert daher die Vergangenheit die Gegenwart

Следователно в буржоазното общество миналото доминира над настоящето

In der kommunistischen Gesellschaft dominiert die Gegenwart die Vergangenheit

в комунистическото общество настоящето доминира над миналото

In der Bourgeoisie Gesellschaft ist das Kapital unabhängig und hat Individualität

В буржоазното общество капиталът е независим и има индивидуалност

In der Bourgeoisie Gesellschaft ist der lebende Mensch abhängig und hat keine Individualität

В буржоазното общество живият човек е зависим и няма индивидуалност

Und die Abschaffung dieses Zustandes wird von der Bourgeoisie als Abschaffung der Individualität und Freiheit bezeichnet!

И премахването на това състояние на нещата се нарича от буржоазията – премахване на индивидуалността и свободата!

Und man nennt sie mit Recht die Abschaffung von Individualität und Freiheit!

И с право се нарича премахване на индивидуалността и свободата!

Der Kommunismus strebt die Abschaffung der Bourgeoisie Individualität an

Комунизмът се стреми към премахване на индивидуалността на буржоазията

Der Kommunismus strebt die Abschaffung der Unabhängigkeit der Bourgeoisie an

Комунизмът възнамерява да премахне независимостта на буржоазията

Die BourgeoisieFreiheit ist zweifellos das, was der Kommunismus anstrebt

Свободата на буржоазията несъмнено е това, към което се стреми комунизмът

unter den gegenwärtigen Bourgeoisie Produktionsbedingungen bedeutet Freiheit freien Handel, freien Verkauf und freien Kauf

при сегашните буржоазни условия на производство свободата означава свободна търговия, свободна продажба и покупка

Aber wenn das Verkaufen und Kaufen verschwindet, verschwindet auch das freie Verkaufen und Kaufen

Но ако продажбата и покупката изчезнат, свободните продажби и покупки също изчезват

"Mutige Worte" der Bourgeoisie über den freien Verkauf und Kauf haben nur eine begrenzte Bedeutung

"смелите думи" на буржоазията за свободна продажба и покупка имат само ограничен смисъл

Diese Worte haben nur im Gegensatz zu eingeschränktem Verkauf und Kauf eine Bedeutung

Тези думи имат значение само в контраст с ограничената продажба и покупка

und diese Worte haben nur dann eine Bedeutung, wenn sie auf die gefesselten Händler des Mittelalters angewandt werden

и тези думи имат значение само когато се прилагат към окованите търговци от Средновековието

und das setzt voraus, dass diese Worte überhaupt eine Bedeutung im Bourgeoisie Sinne haben

и това предполага, че тези думи дори имат значение в буржоазен смисъл

aber diese Worte haben keine Bedeutung, wenn sie gebraucht werden, um sich gegen die kommunistische Abschaffung des Kaufens und Verkaufens zu wehren

но тези думи нямат никакво значение, когато се използват за противопоставяне на комунистическото премахване на покупко-продажбата

die Worte haben keine Bedeutung, wenn sie gebraucht werden, um sich gegen die Abschaffung der Bourgeoisie Produktionsbedingungen zu wehren

думите нямат никакво значение, когато се използват за противопоставяне на буржоазните условия на производство

und sie haben keine Bedeutung, wenn sie benutzt werden, um sich gegen die Abschaffung der Bourgeoisie selbst zu wehren

и те нямат никакъв смисъл, когато се използват, за да се противопоставят на премахването на самата буржоазия

Sie sind entsetzt über unsere Absicht, das Privateigentum abzuschaffen

Ужасени сте от намерението ни да премахнем частната собственост

Aber in eurer jetzigen Gesellschaft ist das Privateigentum für neun Zehntel der Bevölkerung bereits abgeschafft

Но във вашето съществуващо общество частната собственост вече е премахната за девет десети от населението

Die Existenz des Privateigentums für einige wenige beruht einzig und allein darauf, dass es in den Händen von neun Zehnteln der Bevölkerung nicht existiert

Съществуването на частна собственост за малцина се дължи единствено на несъществуването й в ръцете на девет десети от населението

Sie werfen uns also vor, daß wir eine Form des Eigentums abschaffen wollen

Затова ни упреквате, че възнамерявате да премахнем някаква форма на собственост

Aber das Privateigentum erfordert für die ungeheure Mehrheit der Gesellschaft die Nichtexistenz jeglichen Eigentums

но частната собственост изисква несъществуването на каквато и да е собственост за огромното мнозинство от обществото

Mit einem Wort, Sie werfen uns vor, daß wir Ihr Eigentum beseitigen wollen

С една дума, вие ни упреквате, че възнамерявате да премахнем имуществото ви

Und genau so ist es; Ihr Eigentum abzuschaffen, ist genau das, was wir beabsichtigen

И точно така; премахването на вашето имущество е точно това, което възнамеряваме

Von dem Augenblick an, wo die Arbeit nicht mehr in Kapital, Geld oder Rente verwandelt werden kann

От момента, в който трудът вече не може да бъде превърнат в капитал, пари или рента

wenn die Arbeit nicht mehr in eine gesellschaftliche Macht umgewandelt werden kann, die monopolisiert werden kann

когато трудът вече не може да бъде превърнат в обществена сила, която може да бъде монополизирана

von dem Augenblick an, wo das individuelle Eigentum nicht mehr in Bourgeoisie Eigentum verwandelt werden kann

от момента, в който индивидуалната собственост вече не може да бъде преобразувана в буржоазна собственост

von dem Augenblick an, wo das individuelle Eigentum nicht mehr in Kapital verwandelt werden kann

от момента, в който индивидуалната собственост вече не може да бъде превърната в капитал

Von diesem Moment an sagst du, dass die Individualität verschwindet

От този момент казвате, че индивидуалността изчезва

Sie müssen also gestehen, daß Sie mit »Individuum« keine andere Person meinen als die Bourgeoisie

Затова трябва да признаете, че под "индивид" не разбирате нищо друго, освен буржоазията

Sie müssen zugeben, dass es sich speziell auf den Bourgeoisie Eigentümer von Immobilien bezieht

Трябва да признаете, че това се отнася конкретно за собственика на собственост от средната класа

Diese Person muss in der Tat aus dem Weg geräumt und unmöglich gemacht werden

Този човек наистина трябва да бъде пометен от пътя и да стане невъзможен

Der Kommunismus beraubt niemanden der Macht, sich die Produkte der Gesellschaft anzueignen

Комунизмът не лишава никого от властта да присвоява продуктите на обществото

Alles, was der Kommunismus tut, ist, ihm die Macht zu nehmen, die Arbeit anderer durch eine solche Aneignung zu unterjochen

всичко, което комунизмът прави, е да го лиши от властта да подчини труда на другите чрез такова присвояване

Man hat eingewendet, daß mit der Abschaffung des Privateigentums alle Arbeit aufhören werde

Възразява се, че след премахването на частната собственост всяка работа ще спре

Und dann wird suggeriert, dass uns die universelle Faulheit überwältigen wird

и тогава се предполага, че всеобщият мързел ще ни застигне

Demnach hätte die BourgeoisieGesellschaft schon längst vor lauter Müßiggang vor die Hunde gehen müssen

Според това буржоазното общество отдавна е трябвало да отиде при кучетата чрез чисто безделие

denn diejenigen ihrer Mitglieder, die arbeiten, erwerben nichts

защото онези от нейните членове, които работят, не придобиват нищо

und diejenigen von ihren Mitgliedern, die etwas erwerben, arbeiten nicht

а онези от нейните членове, които придобиват нещо, не работят

Der ganze Einwand ist nur ein weiterer Ausdruck der Tautologie

Цялото това възражение е само още един израз на тавтологията

Es kann keine Lohnarbeit mehr geben, wenn es kein Kapital mehr gibt

не може вече да има наемен труд, когато вече няма капитал

Es gibt keinen Unterschied zwischen materiellen und mentalen Produkten

Няма разлика между материални продукти и умствени продукти

Der Kommunismus schlägt vor, dass beides auf die gleiche Weise produziert wird

комунизмът предлага и двете да се произвеждат по един и същи начин

aber die Einwände gegen die kommunistischen Produktionsweisen sind dieselben

но възраженията срещу комунистическите начини на тяхното производство са едни и същи

Für die Bourgeoisie ist das Verschwinden des Klasseneigentums das Verschwinden der Produktion selbst

за буржоазията изчезването на класовата собственост е изчезване на самото производство

So ist für ihn das Verschwinden der Klassenkultur identisch mit dem Verschwinden aller Kultur

така че изчезването на класовата култура за него е идентично с изчезването на цялата култура

Diese Kultur, deren Verlust er beklagt, ist für die
überwiegende Mehrheit ein bloßes Training, um als
Maschine zu agieren

Тази култура, за загубата на която той се оплаква, за
огромното мнозинство е просто обучение да действа като
машина

Die Kommunisten haben die Absicht, die Kultur des
Bourgeoisie Eigentums abzuschaffen

Комунистите силно възнамеряват да премахнат културата
на буржоазната собственост

Aber zankt euch nicht mit uns, solange ihr den Maßstab
eurer Bourgeoisie Vorstellungen von Freiheit, Kultur, Recht
usw. anlegt

Но не спорете с нас, докато прилагате стандарта на вашите
буржоазни представи за свобода, култура, право и т.н

Eure Ideen selbst sind nur die Auswüchse der Bedingungen
eurer Bourgeoisie Produktion und eures Bourgeoisie
Eigentums

Самите Ваши идеи са само резултат от условията на
Вашето буржоазно производство и буржоазна собственост

so wie eure Jurisprudenz nichts anderes ist als der Wille
eurer Klasse, der zum Gesetz für alle gemacht wurde

точно както вашата юриспруденция е само волята на
вашата класа, превърната в закон за всички

Der wesentliche Charakter und die Richtung dieses Willens
werden durch die ökonomischen Bedingungen bestimmt,
die Ihre soziale Klasse schafft

Същността и посоката на тази воля се определят от
икономическите условия, които вашата социална класа
създава

Der selbstsüchtige Irrtum, der dich veranlaßt, soziale
Formen in ewige Gesetze der Natur und der Vernunft zu
verwandeln

Егоистичното погрешно схващане, което ви подтиква да
превръщате социалните форми във вечни закони на
природата и разума

die gesellschaftlichen Formen, die aus eurer gegenwärtigen Produktionsweise und Eigentumsform entspringen

социалните форми, произтичащи от сегашния ви начин на производство и форма на собственост

historische Beziehungen, die im Fortschritt der Produktion auf- und verschwinden

исторически отношения, които се издигат и изчезват в хода на производството

Dieses Missverständnis teilt ihr mit jeder herrschenden Klasse, die euch vorausgegangen ist

Това погрешно схващане споделяте с всяка управляваща класа, която ви е предшествала

Was Sie bei antikem Eigentum klar sehen, was Sie bei feudalem Eigentum zugeben

Какво виждате ясно в случая с древната собственост, какво допускате в случая с феодалната собственост

diese Dinge dürfen Sie natürlich nicht zugeben, wenn es sich um Ihre eigene BourgeoisieEigentumsform handelt

тези неща, разбира се, ви е забранено да допускате в случая на вашата собствена буржоазна форма на собственост

Abschaffung der Familie! Selbst die Radikalsten entrüsten sich über diesen infamen Vorschlag der Kommunisten

Премахване на семейството! Дори и най-радикалните пламват от това позорно предложение на комунистите

Auf welcher Grundlage beruht die heutige Familie, die BourgeoisieFamilie?

На каква основа се основава сегашното семейство, буржоазното семейство?

Die Gründung der heutigen Familie beruht auf Kapital und privatem Gewinn

Основаването на настоящото семейство се основава на капитал и частна печалба

In ihrer voll entwickelten Form existiert diese Familie nur unter der Bourgeoisie

В своята напълно развита форма това семейство
съществува само сред буржоазията
**Dieser Zustand der Dinge findet seine Ergänzung in der
praktischen Abwesenheit der Familie bei den Proletariern**
Това състояние на нещата намира своето допълнение в
практическото отсъствие на семейството сред
пролетариите
Dieser Zustand ist in der öffentlichen Prostitution zu finden
Това състояние на нещата може да се намери в
обществената проституция
**Die BourgeoisieFamilie wird wie selbstverständlich
verschwinden, wenn ihr Komplement verschwindet**
Буржоазното семейство ще изчезне като нещо естествено,
когато неговото допълнение изчезне
**Und beides wird mit dem Verschwinden des Kapitals
verschwinden**
и двете ще изчезнат с изчезването на капитала
**Werfen Sie uns vor, dass wir die Ausbeutung von Kindern
durch ihre Eltern stoppen wollen?**
Обвинявате ли ни, че искаме да спрем експлоатацията на
деца от техните родители?
Diesem Verbrechen bekennen wir uns schuldig
За това престъпление ние се признаваме за виновни
**Aber, werden Sie sagen, wir zerstören die heiligsten
Beziehungen, wenn wir die häusliche Erziehung durch die
soziale Erziehung ersetzen**
Но, ще кажете, ние разрушаваме най-свещените
отношения, когато заменяме домашното възпитание със
социално възпитание
**Ist Ihre Erziehung nicht auch sozial? Und wird sie nicht von
den gesellschaftlichen Bedingungen bestimmt, unter denen
man erzieht?**
Вашето образование не е ли и социално? И не се ли
определя от социалните условия, при които възпитавате?
**durch direkte oder indirekte Eingriffe in die Gesellschaft,
durch Schulen usw.**

чрез пряка или косвена намеса на обществото, чрез училищата и т.н.

Die Kommunisten haben die Einmischung der Gesellschaft in die Erziehung nicht erfunden

Комунистите не са измислили намесата на обществото в образованието

Sie versuchen lediglich, den Charakter dieses Eingriffs zu ändern

те само се стремят да променят характера на тази намеса

Und sie versuchen, das Bildungswesen vor dem Einfluss der herrschenden Klasse zu retten

и се стремят да спасят образованието от влиянието на управляващата класа

Die Bourgeoisie spricht von der geheiligten Beziehung von Eltern und Kind

Буржоазията говори за свещеното съотношение между родител и дете

aber dieses Geschwätz über die Familie und die Erziehung wird um so widerwärtiger, wenn wir die moderne Industrie betrachten

но този капан за семейството и образованието става още по-отвратителен, когато погледнем модерната индустрия

Alle Familienbande unter den Proletariern werden durch die moderne Industrie zerrissen

Всички семейни връзки между пролетариите са разкъсани от съвременната индустрия

ihre Kinder werden zu einfachen Handelsartikeln und Arbeitsinstrumenten

децата им се превръщат в прости предмети на търговията и инструменти на труда

Aber ihr Kommunisten würdet eine Gemeinschaft von Frauen schaffen, schreit die ganze Bourgeoisie im Chor

Но вие, комунистите, бихте създали общност от жени, крещи цялата буржоазия в хор

Die Bourgeoisie sieht in seiner Frau ein bloßes Produktionsinstrument

Буржоазията вижда в жена си просто инструмент за производство

Er hört, dass die Produktionsmittel von allen ausgebeutet werden sollen

Той чува, че инструментите за производство трябва да бъдат експлоатирани от всички

Und natürlich kann er zu keinem anderen Schluß kommen, als daß das Los, allen gemeinsam zu sein, auch den Frauen zufallen wird

и, естествено, той не може да стигне до друго заключение, освен че съдбата да бъде обща за всички също ще се падне на жените

Er hat nicht einmal den geringsten Verdacht, dass es in Wirklichkeit darum geht, die Stellung der Frau als bloße Produktionsinstrumente abzuschaffen

Той дори не подозира, че истинският смисъл е да се премахне статутът на жените като обикновени инструменти за производство

Im übrigen ist nichts lächerlicher als die tugendhafte Empörung unserer Bourgeoisie über die Gemeinschaft der Frauen

За останалото нищо не е по-смешно от добродетелното възмущение на нашата буржоазия срещу общността на жените

sie tun so, als ob sie von den Kommunisten offen und offiziell eingeführt werden sollte

те се преструват, че тя трябва да бъде открито и официално установена от комунистите

Die Kommunisten haben es nicht nötig, die Gemeinschaft der Frauen einzuführen, sie existiert fast seit undenklichen Zeiten

Комунистите нямат нужда да въвеждат общност на жените, тя съществува почти от незапомнени времена

Unsere Bourgeoisie begnügt sich nicht damit, die Frauen und Töchter ihrer Proletarier zur Verfügung zu haben

Нашата буржоазия не се задоволява с това, че има на
разположение жените и дъщерите на своите пролетарии
**Sie haben das größte Vergnügen daran, ihre Frauen
gegenseitig zu verführen**
те изпитват най-голямо удоволствие да съблазняват
жените си
**Und das ist noch nicht einmal von gewöhnlichen
Prostituierten zu sprechen**
и това дори не става дума за обикновените проститутки
**Die BourgeoisieEhe ist in Wirklichkeit ein System
gemeinsamer Ehefrauen**
Буржоазният брак в действителност е система от общи
съпруги
**dann gibt es eine Sache, die man den Kommunisten
vielleicht vorwerfen könnte**
тогава има едно нещо, в което комунистите биха могли да
бъдат упрекнати
**Sie wollen eine offen legalisierte Gemeinschaft von Frauen
einführen**
Те желаят да въведат открито легализирана общност от
жени
statt einer heuchlerisch verhüllten Gemeinschaft von Frauen
а не лицемерно прикрита общност от жени
**Die Gemeinschaft der Frauen, die aus dem
Produktionssystem hervorgegangen ist**
общността на жените, произтичаща от системата на
производство
**Schafft das Produktionssystem ab, und ihr schafft die
Gemeinschaft der Frauen ab**
Премахване на производствената система и премахване на
общността на жените
**Sowohl die öffentliche Prostitution als auch die private
Prostitution wird abgeschafft**
Премахва се както публичната проституция, така и
частната проституция

Den Kommunisten wird noch dazu vorgeworfen, sie wollten Länder und Nationalitäten abschaffen

Комунистите са още по-упреквани, че искат да премахнат държави и националности

Die Arbeiter haben kein Vaterland, also können wir ihnen nicht nehmen, was sie nicht haben

Работниците нямат държава, затова не можем да им вземем това, което те нямат

Das Proletariat muss vor allem die politische Herrschaft erlangen

пролетариатът трябва преди всичко да придобие политическо надмощие

Das Proletariat muss sich zur führenden Klasse der Nation erheben

пролетариатът трябва да се издигне до водеща класа на нацията

Das Proletariat muss sich zur Nation konstituieren

пролетариатът трябва да конституира себе си като нация

sie ist bis jetzt selbst national, wenn auch nicht im Bourgeoisie Sinne des Wortes

засега тя сама по себе си е национална, макар и не в буржоазния смисъл на думата

Nationale Unterschiede und Gegensätze zwischen den Völkern verschwinden täglich mehr und mehr

Националните различия и антагонизми между народите с всеки изминал ден изчезват все повече и повече

der Entwicklung der Bourgeoisie, der Freiheit des Handels, des Weltmarktes

благодарение на развитието на буржоазията, на свободата на търговията, на световния пазар

zur Gleichförmigkeit der Produktionsweise und der ihr entsprechenden Lebensbedingungen

еднаквост на начина на производство и на съответните му условия на живот

Die Herrschaft des Proletariats wird sie noch schneller verschwinden lassen

Върховенството на пролетариата ще ги накара да изчезнат още по-бързо

Die einheitliche Aktion, wenigstens der führenden zivilisierten Länder, ist eine der ersten Bedingungen für die Befreiung des Proletariats

Обединените действия, поне на водещите цивилизовани страни, са едно от първите условия за освобождението на пролетариата

In dem Maße, wie der Ausbeutung eines Individuums durch ein anderes ein Ende gesetzt wird, wird auch der Ausbeutung einer Nation durch eine andere ein Ende gesetzt.

Доколкото се прекратява експлоатацията на един индивид от друг, ще бъде прекратена и експлоатацията на една нация от друга.

In dem Maße, wie der Antagonismus zwischen den Klassen innerhalb der Nation verschwindet, wird die Feindschaft einer Nation gegen die andere ein Ende haben

В степента, в която антагонизмът между класите в нацията изчезне, враждебността на една нация към друга ще приключи

Die Anschuldigungen gegen den Kommunismus, die von einem religiösen, philosophischen und allgemein von einem ideologischen Standpunkt aus erhoben werden, verdienen keine ernsthafte Prüfung

Обвиненията срещу комунизма, отправени от религиозна, философска и изобщо идеологическа гледна точка, не заслужават сериозно изследване

Braucht es eine tiefe Intuition, um zu begreifen, dass sich die Ideen, Ansichten und Vorstellungen des Menschen mit jeder Veränderung der Bedingungen seiner materiellen Existenz ändern?

Изисква ли се дълбока интуиция, за да се разбере, че идеите, възгледите и концепциите на човека се променят с всяка промяна в условията на неговото материално съществуване?

Ist es nicht offensichtlich, dass das Bewusstsein des Menschen sich Verändert, wenn seine sozialen Beziehungen und sein soziales Leben ändern?

Не е ли очевидно, че съзнанието на човека се променя, когато се променят неговите обществени отношения и неговият обществен живот?

Was beweist die Ideengeschichte anderes, als daß die geistige Produktion ihren Charakter in dem Maße ändert, wie die materielle Produktion verändert wird?

Какво друго доказва историята на идеите, освен че интелектуалното производство променя своя характер пропорционално на промяната на материалното производство?

Die herrschenden Ideen eines jeden Zeitalters waren immer die Ideen seiner herrschenden Klasse

Управляващите идеи на всяка епоха винаги са били идеите на нейната управляваща класа

Wenn Menschen von Ideen sprechen, die die Gesellschaft revolutionieren, drücken sie nur eine Tatsache aus

Когато хората говорят за идеи, които революционизират обществото, те изразяват само един факт

Innerhalb der alten Gesellschaft wurden die Elemente einer neuen geschaffen

В старото общество са създадени елементите на ново общество

und daß die Auflösung der alten Ideen mit der Auflösung der alten Daseinsverhältnisse Schritt hält

и че разпадането на старите идеи върви в крак с разпадането на старите условия на съществуване

Als die Antike in den letzten Zügen lag, wurden die alten Religionen vom Christentum überwunden

Когато древният свят е в последните си агонии, древните религии са победени от християнството

Als die christlichen Ideen im 18. Jahrhundert den rationalistischen Ideen erlagen, kämpfte die feudale

Gesellschaft ihren Todeskampf mit der damals revolutionären Bourgeoisie

Когато християнските идеи се поддават през 18 век на рационалистическите идеи, феодалното общество води смъртната си битка с тогавашната революционна буржоазия

Die Ideen der Religions- und Gewissensfreiheit brachten lediglich die Herrschaft des freien Wettbewerbs auf dem Gebiet des Wissens zum Ausdruck

Идеите за религиозна свобода и свобода на съвестта просто дадоха израз на влиянието на свободната конкуренция в областта на знанието

"Zweifellos", wird man sagen, "sind religiöse, moralische, philosophische und juristische Ideen im Laufe der geschichtlichen Entwicklung modifiziert worden"

"Несъмнено", ще се каже, "религиозните, моралните, философските и юридическите идеи са били видоизменени в хода на историческото развитие"

"Aber Religion, Moralphilosophie, Politikwissenschaft und Recht überlebten diesen Wandel ständig."

"Но религията, моралната философия, политологията и правото постоянно оцеляват в тази промяна."

"Es gibt auch ewige Wahrheiten, wie Freiheit, Gerechtigkeit usw."

"Има и вечни истини, като Свобода, Справедливост и т.н."

"Diese ewigen Wahrheiten sind allen Zuständen der Gesellschaft gemeinsam"

"Тези вечни истини са общи за всички състояния на обществото"

"Aber der Kommunismus schafft die ewigen Wahrheiten ab, er schafft alle Religion und alle Moral ab."

"Но комунизмът премахва вечните истини, той премахва всяка религия и всеки морал"

"Sie tut dies, anstatt sie auf einer neuen Grundlage zu konstituieren"

"Прави това, вместо да ги конституира на нова основа"

"Sie handelt daher im Widerspruch zu allen bisherigen historischen Erfahrungen"

"следователно той действа в противоречие с целия минал исторически опит"

Worauf reduziert sich dieser Vorwurf?

До какво се свежда това обвинение?

Die Geschichte aller vergangenen Gesellschaften hat in der Entwicklung von Klassengegensätzen bestanden

Историята на цялото минало общество се е състояла в развитието на класови противоположности

Antagonismen, die in verschiedenen Epochen unterschiedliche Formen annahmen

антагонизми, които са приемали различни форми в различни епохи

Aber welche Form sie auch immer angenommen haben mögen, eine Tatsache ist allen vergangenen Zeitaltern gemeinsam

Но каквато и форма да са приели, един факт е общ за всички минали епохи

die Ausbeutung eines Teils der Gesellschaft durch den anderen

експлоатацията на една част от обществото от друга

Kein Wunder also, dass sich das gesellschaftliche Bewußtsein vergangener Zeiten innerhalb gewisser allgemeiner Formen oder allgemeiner Vorstellungen bewegt

Затова не е чудно, че общественото съзнание на миналите епохи се движи в определени общи форми или общи идеи

(und das trotz aller Vielfalt und Vielfalt, die es zeigt)

(и това е въпреки цялото разнообразие и разнообразие, които показва)

Und diese können nur mit dem gänzlichen Verschwinden der Klassengegensätze völlig verschwinden

и те не могат напълно да изчезнат, освен с пълното изчезване на класовите противоречия

Die kommunistische Revolution ist der radikalste Bruch mit den traditionellen Eigentumsverhältnissen

Комунистическата революция е най-радикалното разминаване на традиционните отношения на собственост

Kein Wunder, dass ihre Entwicklung den radikalsten Bruch mit den traditionellen Vorstellungen mit sich bringt

Нищо чудно, че развитието му включва най-радикалното скъсване с традиционните идеи

Aber lassen wir die Einwände der Bourgeoisie gegen den Kommunismus hinter uns

Но нека приключим с буржоазните възражения срещу комунизма

Wir haben oben den ersten Schritt der Arbeiterklasse in der Revolution gesehen

По-горе видяхме първата стъпка в революцията на работническата класа

Das Proletariat muss zur Herrschaft erhoben werden, um den Kampf der Demokratie zu gewinnen

пролетариатът трябва да бъде издигнат до позицията на управляващ, за да спечели битката за демокрация

Das Proletariat wird seine politische Vorherrschaft benutzen, um der Bourgeoisie nach und nach alles Kapital zu entreißen

Пролетариатът ще използва своето политическо превъзходство, за да изтръгне постепенно целия капитал от буржоазията

sie wird alle Produktionsmittel in den Händen des Staates zentralisieren

тя ще централизира всички инструменти за производство в ръцете на държавата

Mit anderen Worten, das Proletariat organisierte sich als herrschende Klasse

С други думи, пролетариатът се организира като господстваща класа

Und sie wird die Summe der Produktivkräfte so schnell wie möglich vermehren

и ще увеличи общата производителност на силите възможно най-бързо

Natürlich kann dies anfangs nur durch despotische Eingriffe in die Eigentumsrechte geschehen

Разбира се, в началото това не може да се осъществи освен чрез деспотично посегателство върху правата на собственост

und sie muss unter den Bedingungen der Bourgeoisie Produktion erreicht werden

и това трябва да бъде постигнато в условията на буржоазното производство

Sie wird also durch Maßnahmen erreicht, die wirtschaftlich unzureichend und unhaltbar erscheinen

следователно то се постига чрез мерки, които изглеждат икономически недостатъчни и несъстоятелни

aber diese Mittel überflügeln sich im Laufe der Bewegung selbst

но тези средства в хода на движението изпреварват самите себе си

sie erfordern weitere Eingriffe in die alte Gesellschaftsordnung

те налагат по-нататъшно навлизане в стария социален ред

und sie sind unvermeidlich, um die Produktionsweise völlig zu revolutionieren

и те са неизбежни като средство за пълно революционизиране на начина на производство

Diese Maßnahmen werden natürlich in den verschiedenen Ländern unterschiedlich sein

Тези мерки, разбира се, ще бъдат различни в различните държави

Nichtsdestotrotz wird in den am weitesten fortgeschrittenen Ländern das Folgende ziemlich allgemein anwendbar sein

Въпреки това в най-напредналите страни следното ще бъде доста общо приложимо

1. Abschaffung des Grundeigentums und Verwendung aller Grundrenten für öffentliche Zwecke.

1. Премахване на собствеността върху земята и прилагане на всички ренти върху земята за обществени нужди.

2. Eine hohe progressive oder abgestufte Einkommensteuer.

2. Тежък прогресивен или градуиран данък върху доходите.

3. Abschaffung jeglichen Erbrechts.

3. Премахване на всяко право на наследство.

4. Konfiskation des Eigentums aller Emigranten und Rebellen.

4. Конфискация на имуществото на всички емигранти и бунтовници.

5. Zentralisierung des Kredits in den Händen des Staates durch eine Nationalbank mit staatlichem Kapital und ausschließlichem Monopol.

5. Централизиране на кредита в ръцете на държавата чрез национална банка с държавен капитал и изключителен монопол.

6. Zentralisierung der Kommunikations- und Transportmittel in den Händen des Staates.

6. Централизиране на средствата за комуникация и транспорт в ръцете на държавата.

7. Ausbau der Fabriken und Produktionsmittel im Eigentum des Staates

7. Разширяване на фабриките и инструментите за производство, собственост на държавата

die Kultivierung von Ödland und die Verbesserung des Bodens überhaupt nach einem gemeinsamen Plan.

въвеждането в експлоатация на пустеещи земи и подобряването на почвата като цяло в съответствие с общ план.

8. Gleiche Haftung aller für die Arbeit

8. Еднаква отговорност на всички към труда

Aufbau von Industriearmeen, vor allem für die Landwirtschaft.

Създаване на индустриални армии, особено за селското стопанство.

9. Kombination der Landwirtschaft mit dem verarbeitenden Gewerbe

9. Съчетаване на селското стопанство с производствената промишленост

allmähliche Aufhebung der Unterscheidung zwischen Stadt und Land durch eine gleichmäßigere Verteilung der Bevölkerung über das Land.

постепенно премахване на разграничението между град и село чрез по-равномерно разпределение на населението в страната.

10. Kostenlose Bildung für alle Kinder in öffentlichen Schulen.

10. Безплатно образование за всички деца в държавните училища.

Abschaffung der Kinderfabrikarbeit in ihrer jetzigen Form

Премахване на детския фабричен труд в сегашния му вид

Kombination von Bildung und industrieller Produktion

Комбинация от образование с промишлено производство

Wenn im Laufe der Entwicklung die Klassenunterschiede verschwunden sind

Когато в хода на развитието си класовите различия са изчезнали

und wenn die ganze Produktion in den Händen einer ungeheuren Assoziation der ganzen Nation konzentriert ist

и когато цялото производство е съсредоточено в ръцете на огромно обединение на цялата нация

dann verliert die Staatsgewalt ihren politischen Charakter

тогава публичната власт ще загуби политическия си характер

Politische Macht, eigentlich so genannt, ist nichts anderes als die organisierte Macht einer Klasse, um eine andere zu unterdrücken

Политическата власт, както се нарича така, е просто организираната сила на една класа за потискане на друга

Wenn das Proletariat in seinem Kampf mit der Bourgeoisie durch die Gewalt der Umstände gezwungen ist, sich als Klasse zu organisieren

Ако пролетариатът по време на своята борба с буржоазията е принуден по силата на обстоятелствата да се организира като класа

wenn sie sich durch eine Revolution zur herrschenden Klasse macht

ако чрез революция тя се превърне в господстваща класа

und als solche fegt sie mit Gewalt die alten Produktionsbedingungen hinweg

и като такъв, той помита със сила старите условия на производство

dann wird sie mit diesen Bedingungen auch die Bedingungen für die Existenz der Klassengegensätze und der Klassen überhaupt hinweggefegt haben

тогава заедно с тези условия тя ще помете условията за съществуване на класови противоречия и на класите изобщо

und wird damit seine eigene Vorherrschaft als Klasse aufgehoben haben.

и по този начин ще премахне собственото си превъзходство като класа.

An die Stelle der alten Bourgeoisie Gesellschaft mit ihren Klassen und Klassengegensätzen treten eine Assoziation

На мястото на старото буржоазно общество с неговите класи и класови противоположности ще имаме асоциация

eine Assoziation, in der die freie Entwicklung eines jeden die Bedingung für die freie Entwicklung aller ist

сдружение, в което свободното развитие на всеки е условие за свободното развитие на всички

1) Reaktionärer Sozialismus
1) Реакционен социализъм

a) Feudaler Sozialismus
a) Феодален социализъм

die Aristokratien Frankreichs und Englands hatten eine einzigartige historische Stellung
аристокрациите на Франция и Англия имат уникално историческо положение
es wurde zu ihrer Berufung, Pamphlete gegen die moderne Boureoisie Gesellschaft zu schreiben
тяхно призвание стана да пишат памфлети срещу съвременното буржоазно общество
In der französischen Revolution vom Juli 1830 und in der englischen Reformagitation
Във Френската революция от юли 1830 г. и в английската реформаторска агитация
Diese Aristokratien erlagen wieder dem hasserfüllten Emporkömmling
Тези аристокрации отново се поддадоха на новобранец
An eine ernsthafte politische Auseinandersetzung war fortan nicht mehr zu denken
Оттук нататък за сериозно политическо състезание не можеше да става и дума
Alles, was möglich blieb, war eine literarische Schlacht, keine wirkliche Schlacht
Всичко, което остава възможно, е литературна битка, а не истинска битка
Aber auch auf dem Gebiet der Literatur waren die alten Schreie der Restaurationszeit unmöglich geworden
Но дори и в областта на литературата старите викове от реставрационния период са станали невъзможни
Um Sympathie zu erregen, mußte die Aristokratie offenbar ihre eigenen Interessen aus den Augen verlieren

За да предизвика симпатии, аристокрацията беше
принудена да изпусне от поглед, очевидно, собствените си
интереси
**und sie waren gezwungen, ihre Anklage gegen die
Bourgeoisie im Interesse der ausgebeuteten Arbeiterklasse
zu formulieren**
и те бяха принудени да формулират своя обвинителен акт
срещу буржоазията в интерес на експлоатираната
работническа класа
**So rächte sich die Aristokratie, indem sie ihren neuen Herrn
verspottete**
Така аристокрацията си отмъщава, като пее патрубки на
новия си господар
**Und sie rächten sich, indem sie ihm unheimliche
Prophezeiungen über die kommende Katastrophe ins Ohr
flüsterten**
и те си отмъщаваха, като шепнеха в ушите му зловещи
пророчества за предстояща катастрофа
So entstand der feudale Sozialismus: halb Klage, halb Spott
Така възникна феодалният социализъм: наполовина плач,
наполовина пасмия
**Es klang halb wie ein Echo der Vergangenheit und
projizierte halb die Bedrohung der Zukunft**
Тя звъни като полуехо от миналото и проектираше
наполовина заплаха от бъдещето
**zuweilen traf sie durch ihre bittere, geistreiche und scharfe
Kritik die Bourgeoisie bis ins Mark**
понякога, със своята горчива, остроумна и проницателна
критика, тя поразява буржоазията до сърцевината
**aber es war immer lächerlich in seiner Wirkung, weil es
völlig unfähig war, den Gang der neueren Geschichte zu
begreifen**
но тя винаги е била абсурдна в ефекта си, поради пълна
неспособност да се разбере хода на съвременната история
**Die Aristokratie schwenkte, um das Volk um sich zu
scharen, den proletarischen Almosensack als Banner**

Аристокрацията, за да сплоти народа към себе си, размаха
пролетарската торба с милостиня отпред за знаме
**Aber das Volk, so oft es sich zu ihnen gesellte, sah auf
seinem Hinterteil die alten Feudalwappen**
Но народът, толкова често, колкото се присъединяваше
към тях, виждаше на задните си части старите феодални
гербове
Und sie verließen mit lautem und respektlosem Gelächter
и те напуснаха със силен и непочтителен смях
**Ein Teil der französischen Legitimisten und des "jungen
Englands" zeigte dieses Schauspiel**
Една част от френските легитимисти и "Млада Англия"
показаха този спектакъл
**die Feudalisten wiesen darauf hin, dass ihre
Ausbeutungsweise eine andere sei als die der Bourgeoisie**
феодалистите посочват, че техният начин на експлоатация
е различен от този на буржоазията
**Die Feudalisten vergessen, dass sie unter ganz anderen
Umständen und Bedingungen ausgebeutet haben**
феодалистите забравят, че са експлоатирали при съвсем
различни обстоятелства и условия.
**Und sie haben nicht bemerkt, dass solche Methoden der
Ausbeutung heute veraltet sind**
и те не забелязаха, че такива методи на експлоатация вече
са остарели
**Sie zeigten, dass unter ihrer Herrschaft das moderne
Proletariat nie existiert hat**
те показаха, че при тяхно управление съвременният
пролетариат никога не е съществувал
**aber sie vergessen, daß die moderne Bourgeoisie der
notwendige Sprößling ihrer eigenen Gesellschaftsform ist**
но те забравят, че съвременната буржоазия е
необходимото потомство на тяхната собствена форма на
общество
**Im übrigen verbergen sie kaum den reaktionären Charakter
ihrer Kritik**

В останалото те едва ли прикриват реакционния характер на своята критика

ihre Hauptanklage gegen die Bourgeoisie läuft auf folgendes hinaus

главното им обвинение срещу буржоазията се свежда до следното

unter dem Boureoisie Regime entwickelt sich eine soziale Klasse

при буржоазния режим се развива социална класа

Diese soziale Klasse ist dazu bestimmt, die alte Gesellschaftsordnung an der Wurzel zu zerschneiden

Тази социална класа е предопределена да отсече корените и да разклони стария обществен ред

Womit sie die Bourgeoisie aufpeppen, ist nicht so sehr, dass sie ein Proletariat schafft

Това, за което те упрекват буржоазията, не е толкова това, че тя създава пролетариат

womit sie die Bourgeoisie aufpeppen, ist mehr, dass sie ein revolutionäres Proletariat schafft

това, с което те упрекват буржоазията, е нещо повече, че тя създава революционен пролетариат

In der politischen Praxis beteiligen sie sich daher an allen Zwangsmaßnahmen gegen die Arbeiterklasse

Затова в политическата практика те се присъединяват към всички принудителни мерки срещу работническата класа

Und im gewöhnlichen Leben bücken sie sich, trotz ihrer hochtrabenden Phrasen, um die goldenen Äpfel aufzuheben, die vom Baum der Industrie fallen gelassen wurden

И в обикновения живот, въпреки високите си фрази, те се навеждат да вземат златните ябълки, паднали от дървото на индустрията

Und sie tauschen Wahrheit, Liebe und Ehre gegen den Handel mit Wolle, Rote-Bete-Zucker und Kartoffelbränden

и разменят истината, любовта и честта за търговия с вълна, цвекло, захар и картофени спиртни напитки

Wie der Pfarrer immer Hand in Hand mit dem Gutsherrn gegangen ist, so ist es der klerikale Sozialismus mit dem feudalen Sozialismus getan

Както свещеникът винаги е вървял ръка за ръка с земевладелеца, така и духовният социализъм с феодалния социализъм

Nichts ist leichter, als der christlichen Askese einen sozialistischen Anstrich zu geben

Нищо не е по-лесно от това да придадем на християнския аскетизъм социалистически оттенък

Hat nicht das Christentum gegen das Privateigentum, gegen die Ehe, gegen den Staat deklamiert?

Не е ли християнството декламирало срещу частната собственост, срещу брака, срещу държавата?

Hat das Christentum nicht an die Stelle dieser Nächstenliebe und Armut getreten?

Не проповядва ли християнството на мястото на тях милосърдие и бедност?

Predigt das Christentum nicht den Zölibat und die Abtötung des Fleisches, das monastische Leben und die Mutter Kirche?

Не проповядва ли християнството безбрачие и умъртвяване на плътта, монашеския живот и Майката Църква?

Der christliche Sozialismus ist nur das Weihwasser, mit dem der Priester das Herzbrennen des Aristokraten weiht

Християнският социализъм е само светената вода, с която свещеникът освещава изгарянето на сърцето на аристократа

b) Kleinbürgerlicher Sozialismus
б) Дребнобуржоазен социализъм

Die feudale Aristokratie war nicht die einzige Klasse, die von der Bourgeoisie ruiniert wurde
Феодалната аристокрация не е единствената класа, която е разрушена от буржоазията
sie war nicht die einzige Klasse, deren Existenzbedingungen in der Atmosphäre der modernen Bourgeoisie Gesellschaft schmachten und zugrunde gingen
това не беше единствената класа, чиито условия на съществуване тъгуваха и загиваха в атмосферата на съвременното буржоазно общество
Die mittelalterliche Bürgerschaft und die kleinbäuerlichen Eigentümer waren die Vorläufer des modernen Bourgeoisie
Средновековните граждани и дребните селски собственици са предшественици на съвременната буржоазия
In den Ländern, die industriell und kommerziell nur wenig entwickelt sind, vegetieren diese beiden Klassen noch Seite an Seite
В онези страни, които са слабо развити в промишлено и търговско отношение, тези две класи все още растат една до друга
und in der Zwischenzeit erhebt sich die Bourgeoisie neben ihnen: industriell, kommerziell und politisch
а междувременно буржоазията се надига до тях: индустриално, търговско и политическо
In den Ländern, in denen die moderne Zivilisation voll entwickelt ist, hat sich eine neue Klasse des Kleinbourgeoisie gebildet
В страните, където съвременната цивилизация е напълно развита, се формира нова класа на дребната буржоазия
diese neue soziale Klasse schwankt zwischen Proletariat und Bourgeoisie

тази нова социална класа се колебае между пролетариата
и буржоазията

**und sie erneuert sich ständig als ergänzender Teil der
Bourgeoisie Gesellschaft**

и непрекъснато се обновява като допълваща част от
буржоазното общество

**Die einzelnen Glieder dieser Klasse aber werden
fortwährend in das Proletariat hinabgeschleudert**

Отделните членове на тази класа обаче непрекъснато се
хвърлят в пролетариата

**sie werden vom Proletariat durch die Einwirkung der
Konkurrenz aufgesaugt**

те са засмукани от пролетариата чрез действието на
конкуренцията

**In dem Maße, wie sich die moderne Industrie entwickelt,
sehen sie sogar den Augenblick herannahen, in dem sie als
eigenständiger Teil der modernen Gesellschaft völlig
verschwinden wird**

С развитието на съвременната индустрия те дори виждат
момента, в който напълно ще изчезнат като независима
част от съвременното общество

**Sie werden in der Manufaktur, in der Landwirtschaft und
im Handel durch Aufseher, Gerichtsvollzieher und Krämer
ersetzt werden**

те ще бъдат заменени в манифактурите, селското
стопанство и търговията от надзиратели, съдебни
изпълнители и търговци

**In Ländern wie Frankreich, wo die Bauern weit mehr als die
Hälfte der Bevölkerung ausmachen**

В страни като Франция, където селяните съставляват
много повече от половината от населението

**es war natürlich, dass es Schriftsteller gab, die sich auf die
Seite des Proletariats gegen die Bourgeoisie stellten**

естествено е, че има писатели, които са на страната на
пролетариата срещу буржоазията

in ihrer Kritik am Bourgeoisie Regime benutzten sie den
Maßstab des Bauern- und Kleinbourgeoisie
в своята критика на буржоазния режим те използваха
стандарта на селската и дребнобуржоазията
Und vom Standpunkt dieser Zwischenklassen aus ergreifen
sie die Keule für die Arbeiterklasse
и от гледна точка на тези междинни класи те поемат
тоягите за работническата класа
So entstand der Kleinbourgeoisie Sozialismus, dessen
Haupt Sismondi nicht nur in Frankreich, sondern auch in
England war
Така възниква дребнобуржоазният социализъм, на който
Сисмонди е ръководител на тази школа не само във
Франция, но и в Англия
Diese Schule des Sozialismus sezierte mit großer Schärfe die
Widersprüche in den Bedingungen der modernen
Produktion
Тази социалистическа школа с голяма острота анализира
противоречията в условията на съвременното
производство
Diese Schule entlarvte die heuchlerischen
Entschuldigungen der Ökonomen
Това училище разкри лицемерните извинения на
икономистите
Diese Schule bewies unwiderlegbar die verheerenden
Auswirkungen der Maschinerie und der Arbeitsteilung
Тази школа доказа неоспоримо пагубните последици от
машините и разделението на труда
Es bewies die Konzentration von Kapital und Grund und
Boden in wenigen Händen
това доказва концентрацията на капитал и земя в няколко
ръце
sie bewies, wie Überproduktion zu Bourgeoisie-Krisen führt
той доказа как свръхпроизводството води до буржоазни
кризи

sie wies auf den unvermeidlichen Ruin des
Kleinbourgeoisie' und der Bauern hin
той посочва неизбежната гибел на дребната буржоазия и
селяни
das Elend des Proletariats, die Anarchie in der Produktion,
die schreiende Ungleichheit in der Verteilung des
Reichtums
мизерията на пролетариата, анархията в производството,
крещящите неравенства в разпределението на богатството
Er zeigte, wie das Produktionssystem den industriellen
Vernichtungskrieg zwischen den Nationen führt
Тя показа как производствената система води
индустриалната война на изтребление между нациите
die Auflösung der alten sittlichen Bande, der alten
Familienverhältnisse, der alten Nationalitäten
разпадането на старите морални връзки, на старите
семейни отношения, на старите националности
In ihren positiven Zielen strebt diese Form des Sozialismus
jedoch eines von zwei Dingen an
В своите положителни цели обаче тази форма на
социализъм се стреми да постигне едно от двете неща
Entweder zielt sie darauf ab, die alten Produktions- und
Tauschmittel wiederherzustellen
или има за цел да възстанови старите средства за
производство и размяна
und mit den alten Produktionsmitteln würde sie die alten
Eigentumsverhältnisse und die alte Gesellschaft
wiederherstellen
и със старите средства за производство ще възстанови
старите отношения на собственост и старото общество
oder sie zielt darauf ab, die modernen Produktions- und
Austauschmittel in den alten Rahmen der
Eigentumsverhältnisse zu zwängen
или има за цел да стесне съвременните средства за
производство и размяна в старите рамки на отношенията
на собственост

In beiden Fällen ist es sowohl reaktionär als auch utopisch

И в двата случая тя е едновременно реакционна и утопична

Seine letzten Worte lauten: Korporativzünfte für die Manufaktur, patriarchalische Verhältnisse in der Landwirtschaft

Последните му думи са: корпоративни гилдии за производство, патриархални отношения в селското стопанство

Schließlich, als hartnäckige historische Tatsachen alle berauschenden Wirkungen der Selbsttäuschung zerstreut hatten,

В крайна сметка, когато упоритите исторически факти разпръснаха всички опияняващи ефекти на самозаблудата

diese Form des Sozialismus endete in einem elenden Anfall von Mitleid

тази форма на социализъм завърши с жалък пристъп на съжаление

c) Deutscher oder "wahrer" Sozialismus
в) немски или "истински" социализъм

Die sozialistische und kommunistische Literatur Frankreichs entstand unter dem Druck einer herrschenden Bourgeoisie
Социалистическата и комунистическата литература на Франция възниква под натиска на буржоазията на власт
Und diese Literatur war der Ausdruck des Kampfes gegen diese Macht
и тази литература беше израз на борбата срещу тази власт
sie wurde in Deutschland zu einer Zeit eingeführt, als die Bourgeoisie gerade ihren Kampf mit dem feudalen Absolutismus begonnen hatte
тя е въведена в Германия по време, когато буржоазията тъкмо е започнала състезанието си с феодалния абсолютизъм
Deutsche Philosophen, Möchtegern-Philosophen und Beaux Esprits griffen begierig zu dieser Literatur
Немските философи, бъдещи философи и красавици с нетърпение се възползваха от тази литература
aber sie vergaßen, daß die Schriften aus Frankreich nach Deutschland einwanderten, ohne die französischen Gesellschaftsverhältnisse mitzubringen
но те забравят, че писанията са емигрирали от Франция в Германия, без да донесат френските социални условия
Im Kontakt mit den deutschen gesellschaftlichen Verhältnissen verlor diese französische Literatur ihre unmittelbare praktische Bedeutung
В контакт с германските социални условия тази френска литература губи цялото си непосредствено практическо значение
und die kommunistische Literatur Frankreichs nahm in deutschen akademischen Kreisen einen rein literarischen Aspekt an

а комунистическата литература на Франция придобива
чисто литературен аспект в германските академични
кръгове

**So waren die Forderungen der ersten Französischen
Revolution nichts anderes als die Forderungen der
"praktischen Vernunft"**

По този начин исканията на Първата френска революция
не бяха нищо повече от искания на "практическия разум"

**und die Willensäußerung der revolutionären französischen
Bourgeoisie bedeutete in ihren Augen das Gesetz des reinen
Willens**

и изричането на волята на революционната френска
буржоазия означаваше в техните очи закона на чистата
воля

**es bedeutete den Willen, wie er sein mußte; des wahren
menschlichen Willens überhaupt**

то означаваше Волята такава, каквато трябваше да бъде; на
истинската човешка воля като цяло

**Die Welt der deutschen Literaten bestand einzig und allein
darin, die neuen französischen Ideen mit ihrem alten
philosophischen Gewissen in Einklang zu bringen**

Светът на немските литератори се състоеше единствено в
привеждането на новите френски идеи в хармония с
тяхната древна философска съвест

**oder vielmehr, sie annektierten die französischen Ideen,
ohne ihren eigenen philosophischen Standpunkt
aufzugeben**

или по-скоро те анексираха френските идеи, без да
изоставят собствената си философска гледна точка

**Diese Annexion vollzog sich auf die gleiche Weise, wie man
sich eine Fremdsprache aneignet, nämlich durch
Übersetzung**

Това анексиране е извършено по същия начин, по който се
присвоява чужд език, а именно чрез превод

**Es ist bekannt, wie die Mönche alberne Leben katholischer
Heiliger über Manuskripte schrieben**

Добре известно е как монасите са писали глупави жития
на католически светци върху ръкописи
die Manuskripte, auf denen die klassischen Werke des
antiken Heidentums geschrieben waren
ръкописите, върху които са написани класическите
произведения на древното езичество
Die deutschen Literaten kehrten diesen Prozess mit der
profanen französischen Literatur um
Немските литератори обръщат този процес с профанната
френска литература
Sie schrieben ihren philosophischen Unsinn unter das
französische Original
Те написаха своите философски глупости под френския
оригинал
Zum Beispiel schrieben sie unter der französischen Kritik an
den ökonomischen Funktionen des Geldes "Entfremdung
der Menschheit"
Например, под френската критика на икономическите
функции на парите, те написаха "Отчуждение на
човечеството"
unter die französische Kritik am Bourgeoisie Staat schrieben
sie "Entthronung der Kategorie des Generals"
под френската критика на буржоазната държава те
написаха "детрониране на категорията на генерала"
Die Einführung dieser philosophischen Phrasen hinter der
französischen Geschichtskritik nannten sie:
Въвеждането на тези философски фрази в гърба на
френската историческа критика те наричат:
"Philosophie des Handelns", "Wahrer Sozialismus",
"Deutsche Sozialismuswissenschaft", "Philosophische
Grundlagen des Sozialismus" und so weiter
"Философия на действието", "Истински социализъм",
"Немска наука за социализма", "Философска основа на
социализма" и т.н
Die französische sozialistische und kommunistische
Literatur wurde damit völlig entmannt

По този начин френската социалистическа и комунистическа литература е напълно осакатена
in den Händen der deutschen Philosophen hörte sie auf, den Kampf der einen Klasse mit der anderen auszudrücken
в ръцете на германските философи тя престана да изразява борбата на една класа с другата
und so fühlten sich die deutschen Philosophen bewußt, die "französische Einseitigkeit" überwunden zu haben
и така немските философи се чувстваха съзнателни, че са преодолели "френската едностранчивост"
Sie musste keine wahren Forderungen repräsentieren, sondern sie repräsentierte Forderungen der Wahrheit
тя не трябва да представя истинските изисквания, а по-скоро представя изискванията за истина
es gab kein Interesse am Proletariat, sondern an der menschlichen Natur
нямаше интерес към пролетариата, по-скоро имаше интерес към човешката природа
das Interesse galt dem Menschen überhaupt, der keiner Klasse angehört und keine Wirklichkeit hat
интересът беше към човека изобщо, който не принадлежи към никоя класа и няма реалност
ein Mann, der nur im nebligen Reich der philosophischen Fantasie existiert
човек, който съществува само в мъгливото царство на философската фантазия
aber schließlich verlor auch dieser deutsche Schulsozialismus seine pedantische Unschuld
но в крайна сметка този ученически немски социализъм също загуби своята педантична невинност
die deutsche Bourgeoisie und besonders die preußische Bourgeoisie kämpfte gegen die feudale Aristokratie
германската буржоазия и особено пруската буржоазия се борят срещу феодалната аристокрация
auch die absolute Monarchie Deutschlands und Preußens wurde bekämpft

абсолютната монархия на Германия и Прусия също е била изправена срещу

Und im Gegenzug wurde auch die Literatur der liberalen Bewegung ernster

и на свой ред литературата на либералното движение също става по-сериозна

Deutschlands lang ersehnte Chance auf einen "wahren" Sozialismus wurde geboten

Отдавна желаната от Германия възможност за "истински" социализъм беше предложена

die Möglichkeit, die politische Bewegung mit den sozialistischen Forderungen zu konfrontieren

възможността да се противопостави на политическото движение със социалистическите искания

die Gelegenheit, die traditionellen Bannsprüche gegen den Liberalismus zu schleudern

възможността да се хвърлят традиционните анатеми срещу либерализма

die Möglichkeit, die repräsentative Regierung und die Bourgeoisie Konkurrenz anzugreifen

възможността да се атакува представителното правителство и буржоазната конкуренция

Pressefreiheit der Bourgeoisie, Bourgeoisie Gesetzgebung, Bourgeoisie Freiheit und Gleichheit

Буржоазия свобода на печата, буржоазно законодателство, буржоазия свобода и равенство

All dies könnte nun in der realen Welt kritisiert werden, anstatt in der Fantasie

Всичко това вече може да бъде критикувано в реалния свят, а не във фантазията

Feudalaristokratie und absolute Monarchie hatten den Massen lange gepredigt

феодалната аристокрация и абсолютната монархия отдавна проповядват на масите

"Der Arbeiter hat nichts zu verlieren und er hat alles zu gewinnen"

"Работещият човек няма какво да губи и има всичко да спечели"

auch die Bourgeoisie bewegung bot eine Chance, sich mit diesen Plattitüden auseinanderzusetzen

буржоазното движение също предлага шанс да се изправи срещу тези баналности

die französische Kritik setzte die Existenz der modernen Bourgeoisie Gesellschaft voraus

френската критика предполага съществуването на съвременното буржоазно общество

Bourgeoisie, ökonomische Existenzbedingungen und Bourgeoisie politische Verfassung

Икономически условия на съществуване на буржоазията и политическа конституция на буржоазията

gerade die Dinge, deren Errungenschaft Gegenstand des in Deutschland anstehenden Kampfes war

същите неща, чието постижение беше обект на предстоящата борба в Германия

Deutschlands albernes Echo des Sozialismus hat diese Ziele gerade noch rechtzeitig aufgegeben

Глупавото ехо на социализма в Германия изостави тези цели точно навреме

Die absoluten Regierungen hatten ihre Gefolgschaft aus Pfarrern, Professoren, Landjunkern und Beamten

Абсолютните правителства имаха своите последователи от свещеници, професори, провинциални оръженосци и служители

die damalige Regierung begegnete den deutschen Arbeiteraufständen mit Auspeitschungen und Kugeln

тогавашното правителство посрещна въстанията на германската работническа класа с бичуване и куршуми

ihnen diente dieser Sozialismus als willkommene Vogelscheuche gegen die drohende Bourgeoisie

за тях този социализъм служи като желано плашило срещу заплашителната буржоазия

**und die deutsche Regierung konnte nach den bitteren
Pillen, die sie austeilte, ein süßes Dessert anbieten**

и германското правителство успя да предложи сладък
десерт след горчивите хапчета, които раздаде

**dieser "wahre" Sozialismus diente also den Regierungen als
Waffe im Kampf gegen die deutsche Bourgeoisie**

този "истински" социализъм служи на правителствата
като оръжие за борба с германската буржоазия

**und gleichzeitig repräsentierte sie direkt ein reaktionäres
Interesse; die der deutschen Philister**

и в същото време тя пряко представляваше реакционен
интерес; това на германските филистимци

**In Deutschland ist das Kleinbourgeoisie die wirkliche
gesellschaftliche Grundlage des bestehenden Zustandes**

В Германия дребната буржоазия е действителната
социална основа на съществуващото състояние на нещата

**Ein Relikt des sechzehnten Jahrhunderts, das immer wieder
in verschiedenen Formen auftaucht**

реликва от шестнадесети век, която непрекъснато се
появява под различни форми

**Diese Klasse zu bewahren bedeutet, den bestehenden
Zustand in Deutschland zu bewahren**

Да се запази тази класа означава да се запази
съществуващото състояние на нещата в Германия

**Die industrielle und politische Vorherrschaft der
Bourgeoisie bedroht das KleinBourgeoisie mit der sicheren
Vernichtung**

Индустриалното и политическо превъзходство на
буржоазията заплашва дребната буржоазия с неизбежно
унищожение

**auf der einen Seite droht sie das Kleinbourgeoisiedurch die
Konzentration des Kapitals zu vernichten**

от една страна, тя заплашва да унищожи дребната
буржоазия чрез концентрацията на капитала

**auf der anderen Seite droht die Bourgeoisie, sie durch den
Aufstieg eines revolutionären Proletariats zu zerstören**

от друга страна, буржоазията заплашва да я унищожи чрез възхода на революционния пролетариат

Der "wahre" Sozialismus schien diese beiden Fliegen mit einer Klappe zu schlagen. Es breitete sich wie eine Epidemie aus

"Истинският" социализъм изглежда убива тези два заека с един куршум. Разпространи се като епидемия

Das Gewand spekulativer Spinnweben, bestickt mit Blumen der Rhetorik, durchtränkt vom Tau kränklicher Gefühle

Робата от спекулативни паяжини, бродирани с цветя на реториката, потопени в росата на болезнените чувства

dieses transzendentale Gewand, in das die deutschen Sozialisten ihre traurigen "ewigen Wahrheiten" hüllten

тази трансцендентална мантия, в която германските социалисти обвиваха своите жалки "вечни истини"

alle Haut und Knochen, dienten dazu, den Absatz ihrer Waren bei einem solchen Publikum wunderbar zu vermehren.

цялата кожа и кости, послужили чудесно за увеличаване на продажбите на техните стоки сред такава публика

Und der deutsche Sozialismus seinerseits erkannte mehr und mehr seine eigene Berufung

И от своя страна германският социализъм все повече и повече признаваше собственото си призвание

sie war berufen, die bombastische Vertreterin des Kleinbourgeoisie Philisters zu sein

той беше наречен да бъде бомбастичен представител на дребнобуржоазната филистимска

Sie proklamierte die deutsche Nation als Musternation und den deutschen Kleinphilister als Mustermann

Той провъзгласява германската нация за образцова нация, а германският дребен филистимец за образцов човек

Jeder schurkischen Gemeinheit dieses Mustermenschen gab sie eine verborgene, höhere, sozialistische Deutung

На всяка подла подлост на този образцов човек тя дава скрита, по-висша, социалистическа интерпретация

diese höhere, sozialistische Deutung war das genaue
Gegenteil ihres wirklichen Charakters
това по-висше, социалистическо тълкуване беше точно
обратното на нейния действителен характер
Sie ging so weit, sich der "brutal destruktiven" Tendenz des
Kommunismus direkt entgegenzustellen
Той стигна до крайност, за да се противопостави на
"брутално разрушителната" тенденция на комунизма
und sie proklamierte ihre höchste und unparteiische
Verachtung aller Klassenkämpfe
и провъзгласи своето върховно и безпристрастно
презрение към всички класови борби
Mit sehr wenigen Ausnahmen gehören alle sogenannten
sozialistischen und kommunistischen Publikationen, die
jetzt (1847) in Deutschland zirkulieren, in den Bereich dieser
üblen und entnervenden Literatur
С много малки изключения, всички така наречени
социалистически и комунистически издания, които сега
(1847 г.) циркулират в Германия, принадлежат към
областта на тази мръсна и изтощителна литература

2) Konservativer Sozialismus oder bürgerlicher Sozialismus
2) Консервативен социализъм или буржоазен социализъм

Ein Teil der Bourgeoisie will soziale Missstände beseitigen
Част от буржоазията желае да поправи социалните
оплаквания
um den Fortbestand der Bourgeoisie Gesellschaft zu sichern
за да се осигури продължаването на съществуването на
буржоазното общество
**Zu dieser Sektion gehören Ökonomen, Philanthropen,
Menschenfreunde**
Към този раздел принадлежат икономисти, филантропи,
хуманитаристи
**Verbesserer der Lage der Arbeiterklasse und Organisatoren
der Wohltätigkeit**
подобряват положението на работническата класа и
организаторите на благотворителността
**Mitglieder von Gesellschaften zur Verhütung von
Tierquälerei**
членове на дружества за превенция на жестокостта към
животните
**Mäßigkeitsfanatiker, Loch-und-Ecken-Reformer aller
erdenklichen Art**
фанатици на въздържанието, реформатори от всякакъв
възможен вид
**Diese Form des Sozialismus ist überdies zu vollständigen
Systemen ausgearbeitet worden**
Освен това тази форма на социализъм е разработена в
цялостни системи
**Als Beispiel für diese Form sei Proudhons "Philosophie de
la Misère" angeführt**
Можем да цитираме "Philosophie de la Misère" на Прудон
като пример за тази форма
**Die sozialistische Bourgeoisie will alle Vorteile der
modernen gesellschaftlichen Verhältnisse**

Социалистическата буржоазия иска всички предимства на
съвременните социални условия
**aber die sozialistische Bourgeoisie will nicht unbedingt die
daraus resultierenden Kämpfe und Gefahren**
но социалистическата буржоазия не иска непременно
произтичащите от това борби и опасности
**Sie wollen den bestehenden Zustand der Gesellschaft,
abzüglich ihrer revolutionären und zerfallenden Elemente**
Те желаят съществуващото състояние на обществото, без
неговите революционни и разпадащи се елементи
**mit anderen Worten, sie wünschen sich eine Bourgeoisie
ohne Proletariat**
с други думи, те желаят буржоазия без пролетариат
**Die Bourgeoisie begreift natürlich die Welt, in der sie die
höchste ist, die Beste zu sein**
Буржоазията естествено си представя света, в който е най-
висшето да бъде най-доброто
**und der Bourgeoisie Sozialismus entwickelt diese bequeme
Auffassung zu verschiedenen mehr oder weniger
vollständigen Systemen**
и буржоазният социализъм развива тази удобна
концепция в различни повече или по-малко завършени
системи
**sie wünschen sich sehr, dass das Proletariat geradewegs in
das soziale Neue Jerusalem marschiert**
те много биха искали пролетариатът веднага да влезе в
социалния Нов Йерусалим
**Aber in Wirklichkeit verlangt sie, dass das Proletariat
innerhalb der Grenzen der bestehenden Gesellschaft bleibt**
но в действителност тя изисква пролетариатът да остане в
рамките на съществуващото общество
**sie fordern das Proletariat auf, alle seine hasserfüllten Ideen
über die Bourgeoisie abzulegen**
те искат от пролетариата да отхвърли всички свои мисли
за буржоазията

es gibt eine zweite, praktischere, aber weniger systematische
Form dieses Sozialismus

има и втора, по-практична, но по-малко систематична
форма на този социализъм

Diese Form des Sozialismus versuchte, jede revolutionäre
Bewegung in den Augen der Arbeiterklasse abzuwerten

Тази форма на социализъм се стреми да обезцени всяко
революционно движение в очите на работническата класа

Sie argumentieren, dass keine bloße politische Reform für
sie von Vorteil sein könnte

те твърдят, че никоя политическа реформа не може да им
бъде от полза

nur eine Veränderung der materiellen Existenzbedingungen
in den wirtschaftlichen Beziehungen ist von Nutzen

Само промяната в материалните условия на съществуване
в икономическите отношения е от полза

Wie der Kommunismus tritt auch diese Form des
Sozialismus für eine Veränderung der materiellen
Existenzbedingungen ein

Подобно на комунизма, тази форма на социализъм се
застъпва за промяна на материалните условия на
съществуване

Diese Form des Sozialismus bedeutet jedoch keineswegs,
dass die Bourgeoisie Produktionsverhältnisse abgeschafft
werden

но тази форма на социализъм съвсем не предполага
премахване на буржоазните производствени отношения

die Abschaffung der Bourgeoisie Produktionsverhältnisse
kann nur durch eine Revolution erreicht werden

премахването на буржоазните производствени отношения
може да се постигне само чрез революция

Doch statt einer Revolution schlägt diese Form des
Sozialismus Verwaltungsreformen vor

Но вместо революция, тази форма на социализъм
предполага административни реформи

und diese Verwaltungsreformen würden auf dem
Fortbestand dieser Beziehungen beruhen
и тези административни реформи ще се основават на
продължаващото съществуване на тези отношения
Reformen, die in keiner Weise die Beziehungen zwischen
Kapital und Arbeit berühren
реформи, които по никакъв начин не засягат отношенията
между капитала и труда
im besten Fall verringern solche Reformen die Kosten und
vereinfachen die Verwaltungsarbeit der Bourgeoisie
Regierung
в най-добрия случай такива реформи намаляват разходите
и опростяват административната работа на буржоазното
правителство
Der Bourgeoisie Sozialismus kommt dann und nur dann
adäquat zum Ausdruck, wenn er zur bloßen Redewendung
wird
Буржоазният социализъм постига адекватен израз, когато
и само когато се превърне в обикновена фигура на речта
Freihandel: zum Wohle der Arbeiterklasse
Свободна търговия: в полза на работническата класа
Schutzpflichten: zum Wohle der Arbeiterklasse
Защитни задължения: в полза на работническата класа
Gefängnisreform: zum Wohle der Arbeiterklasse
Затворническа реформа: в полза на работническата класа
Das ist das letzte Wort und das einzig ernst gemeinte Wort
des Bourgeoisie Sozialismus
Това е последната дума и единствената сериозно
замислена дума на буржоазния социализъм
Sie ist in dem Satz zusammengefasst: Die Bourgeoisie ist
eine Bourgeoisie zum Wohle der Arbeiterklasse
Тя е обобщена във фразата: буржоазията е буржоазия в
полза на работническата класа

3) Kritisch-utopischer Sozialismus und Kommunismus
3) Критично-утопичен социализъм и комунизъм

Wir beziehen uns hier nicht auf jene Literatur, die den Forderungen des Proletariats immer eine Stimme gegeben hat
Тук не се позоваваме на онази литература, която винаги е давала глас на исканията на пролетариата

dies war in jeder großen modernen Revolution vorhanden, wie z. B. in den Schriften von Babeuf und anderen
това присъства във всяка велика модерна революция, като писанията на Бабьоф и други

Die ersten unmittelbaren Versuche des Proletariats, seine eigenen Ziele zu erreichen, scheiterten notwendigerweise
Първите преки опити на пролетариата да постигне собствените си цели неизбежно се провалиха

Diese Versuche wurden in Zeiten allgemeiner Aufregung unternommen, als die feudale Gesellschaft gestürzt wurde
Тези опити бяха направени във времена на всеобщо вълнение, когато феодалното общество беше свалено

Der damals noch unterentwickelte Zustand des Proletariats führte zum Scheitern dieser Versuche
Тогава неразвитото състояние на пролетариата доведе до провал на тези опити

und sie scheiterten am Fehlen der wirtschaftlichen Voraussetzungen für ihre Emanzipation
и те се провалиха поради липсата на икономически условия за нейното освобождение

Bedingungen, die erst noch geschaffen werden mussten und die durch die bevorstehende Epoche der Bourgeoisie allein hervorgebracht werden konnten
условия, които тепърва предстоеше да бъдат създадени и можеха да бъдат произведени само от настъпващата епоха на буржоазията

Die revolutionäre Literatur, die diese ersten Bewegungen des Proletariats begleitete, hatte notwendigerweise einen reaktionären Charakter

Революционната литература, която съпровождаше тези първи движения на пролетариата, имаше по необходимост реакционен характер

Diese Literatur schärfte universelle Askese und soziale Nivellierung in ihrer gröbsten Form ein

Тази литература внушава универсален аскетизъм и социално изравняване в най-грубата му форма

Die sozialistischen und kommunistischen Systeme, die man eigentlich so nennt, entstehen in der frühen unentwickelten Periode

Социалистическата и комунистическата системи, в собствения си текст, възникват в ранния неразвит период

Saint-Simon, Fourier, Owen und andere beschrieben den Kampf zwischen Proletariat und Bourgeoisie (siehe Abschnitt 1)

Сен-Симон, Фурие, Оуен и други описват борбата между пролетариата и буржоазията (виж раздел 1)

Die Begründer dieser Systeme sehen in der Tat die Klassengegensätze

Основателите на тези системи наистина виждат класовите антагонизми

Sie sehen auch das Wirken der sich zersetzenden Elemente in der herrschenden Gesellschaftsform

те също така виждат действието на разлагащите се елементи в преобладаващата форма на обществото

Aber das Proletariat, das noch in den Kinderschuhen steckt, bietet ihnen das Schauspiel einer Klasse ohne jede historische Initiative

Но пролетариатът, все още в зародиш, им предлага спектакъла на класа без никаква историческа инициатива

Sie sehen das Schauspiel einer sozialen Klasse ohne unabhängige politische Bewegung

те виждат спектакъла на социална класа без независимо
политическо движение
**Die Entwicklung des Klassengegensatzes hält mit der
Entwicklung der Industrie Schritt**
Развитието на класовия антагонизъм върви в крак с
развитието на индустрията
**Die ökonomische Lage bietet ihnen also noch nicht die
materiellen Bedingungen für die Befreiung des Proletariats**
така че икономическото положение все още не им
предлага материални условия за освобождение на
пролетариата
**Sie suchen also nach einer neuen Sozialwissenschaft, nach
neuen sozialen Gesetzen, die diese Bedingungen schaffen
sollen**
Затова те търсят нова обществена наука, нови социални
закони, които да създадат тези условия
**historisches Handeln besteht darin, sich ihrem persönlichen
erfinderischen Handeln zu beugen**
историческото действие е да се поддадат на личното си
изобретателско действие
**Historisch geschaffene Emanzipationsbedingungen sollen
phantastischen Verhältnissen weichen**
Исторически създадените условия за еманципация трябва
да отстъпят пред фантастични условия
**und die allmähliche, spontane Klassenorganisation des
Proletariats soll der Organisation der Gesellschaft weichen**
а постепенната, спонтанна класова организация на
пролетариата трябва да отстъпи пред организацията на
обществото
**die Organisation der Gesellschaft, die von diesen Erfindern
eigens ersonnen wurde**
организацията на обществото, специално измислена от
тези изобретатели
**Die zukünftige Geschichte löst sich in ihren Augen in die
Propaganda und die praktische Durchführung ihrer sozialen
Pläne auf**

Бъдещата история се превръща в техните очи в пропагандата и практическото осъществяване на техните социални планове

Bei der Ausarbeitung ihrer Pläne sind sie sich bewußt, daß sie sich in erster Linie um die Interessen der Arbeiterklasse kümmern

При формирането на своите планове те съзнават, че се грижат главно за интересите на работническата класа

Nur unter dem Gesichtspunkt, die leidendste Klasse zu sein, existiert das Proletariat für sie

Само от гледна точка на най-страдащата класа пролетариатът съществува за тях

Der unentwickelte Zustand des Klassenkampfes und ihre eigene Umgebung prägen ihre Meinungen

Неразвитото състояние на класовата борба и собственото им обкръжение формират техните мнения

Sozialisten dieser Art halten sich allen Klassengegensätzen weit überlegen

Социалистите от този вид се смятат за много по-висши от всички класови антагонизми

Sie wollen die Lage jedes Mitglieds der Gesellschaft verbessern, auch die der Begünstigten

Те искат да подобрят положението на всеки член на обществото, дори и на най-облагодетелстваните

Daher appellieren sie gewöhnlich an die Gesellschaft als Ganzes, ohne Unterschied der Klasse

Следователно те обикновено се обръщат към обществото като цяло, без разлика на класата

Ja, sie appellieren an die Gesellschaft als Ganzes, indem sie die herrschende Klasse bevorzugen

нещо повече, те се обръщат към обществото като цяло, като предпочитат управляващата класа

Für sie ist alles, was es braucht, dass andere ihr System verstehen

за тях всичко, което се изисква, е другите да разберат тяхната система

Denn wie können die Menschen nicht erkennen, dass der bestmögliche Plan für den bestmöglichen Zustand der Gesellschaft ist?

Защото как може хората да не виждат, че най-добрият възможен план е за възможно най-доброто състояние на обществото?

Daher lehnen sie jede politische und vor allem jede revolutionäre Aktion ab

Следователно те отхвърлят всички политически и особено всички революционни действия

Sie wollen ihre Ziele mit friedlichen Mitteln erreichen

Те искат да постигнат целите си по мирен път

Sie bemühen sich durch kleine Experimente, die notwendigerweise zum Scheitern verurteilt sind

те се опитват чрез малки експерименти, които по необходимост са обречени на провал

und durch die Kraft des Beispiels versuchen sie, den Weg für das neue soziale Evangelium zu ebnen

и със силата на примера те се опитват да проправят пътя за новото социално Евангелие

Welch phantastische Bilder von der zukünftigen Gesellschaft, gemalt in einer Zeit, in der sich das Proletariat noch in einem sehr unterentwickelten Zustand befindet

Такива фантастични картини на бъдещото общество, нарисувани във време, когато пролетариатът е все още в много неразвито състояние

und sie hat immer noch nur eine phantastische Vorstellung von ihrer eigenen Stellung

и все още има само фантастична представа за собственото си положение

aber ihre ersten instinktiven Sehnsüchte entsprechen den Sehnsüchten des Proletariats

но техните първи инстинктивни копнежи съответстват на копнежите на пролетариата

Beide sehnen sich nach einem allgemeinen Umbau der Gesellschaft

и двамата копнеят за цялостно преустройство на
обществото

**Aber diese sozialistischen und kommunistischen
Veröffentlichungen enthalten auch ein kritisches Element**
Но тези социалистически и комунистически публикации
съдържат и критичен елемент

Sie greifen jedes Prinzip der bestehenden Gesellschaft an
Те атакуват всеки принцип на съществуващото общество

**Daher sind sie voll von den wertvollsten Materialien für die
Aufklärung der Arbeiterklasse**
Затова те са пълни с най-ценни материали за
просвещението на работническата класа

**Sie schlagen die Abschaffung der Unterscheidung zwischen
Stadt und Land und der Familie vor**
те предлагат премахване на разграничението между град и
село и семейство

**die Abschaffung des Gewerbetreibens für Rechnung von
Privatpersonen**
премахване на извършването на промишленост за сметка
на частни лица

**und die Abschaffung des Lohnsystems und die
Proklamation des sozialen Friedens**
и премахването на системата на заплатите и
провъзгласяването на социална хармония

**die Verwandlung der Funktionen des Staates in eine bloße
Aufsicht über die Produktion**
превръщането на функциите на държавата в обикновен
надзор на производството

**Alle diese Vorschläge deuten einzig und allein auf das
Verschwinden der Klassengegensätze hin**
Всички тези предложения сочат единствено към
изчезването на класовите противоречия

**Klassengegensätze waren damals gerade erst im Entstehen
begriffen**
По това време класовите антагонизми едва се появяват

In diesen Veröffentlichungen werden diese Klassengegensätze nur in ihren frühesten, undeutlichen und unbestimmten Formen anerkannt

В тези публикации тези класови противоречия се разпознават само в най-ранните, неясни и неопределени форми

Diese Vorschläge haben also rein utopischen Charakter

Следователно тези предложения са от чисто утопичен характер

Die Bedeutung des kritisch-utopischen Sozialismus und des Kommunismus steht in einem umgekehrten Verhältnis zur historischen Entwicklung

Значението на критическо-утопичния социализъм и комунизма има обратна връзка с историческото развитие

Der moderne Klassenkampf wird sich entwickeln und weiter konkrete Gestalt annehmen

Съвременната класова борба ще се развива и ще продължи да придобива определена форма

Dieses fantastische Ansehen des Wettbewerbs wird jeden praktischen Wert verlieren

Това фантастично положение от състезанието ще загуби всякаква практическа стойност

Diese phantastischen Angriffe auf die Klassengegensätze verlieren jede theoretische Rechtfertigung

Тези фантастични атаки срещу класовите противоречия ще загубят всякаква теоретична обосновка

Die Urheber dieser Systeme waren in vielerlei Hinsicht revolutionär

Създателите на тези системи бяха в много отношения революционни

Aber ihre Jünger haben in jedem Fall bloße reaktionäre Sekten gebildet

но техните ученици във всеки случай са формирали обикновени реакционни секти

Sie halten an den ursprünglichen Ansichten ihrer Meister fest

Те се придържат здраво към оригиналните възгледи на
своите господари

**Aber diese Anschauungen stehen im Gegensatz zur
fortschreitenden geschichtlichen Entwicklung des
Proletariats**

но тези възгледи са в противоречие с прогресивното
историческо развитие на пролетариата

**Sie bemühen sich daher, und zwar konsequent, den
Klassenkampf abzustumpfen**

Затова те се стремят и то последователно да умъртвят
класовата борба

**Und sie bemühen sich konsequent, die Klassengegensätze
zu versöhnen**

и те последователно се стремят да примирят класовите
противоречия

**Noch träumen sie von der experimentellen Umsetzung ihrer
gesellschaftlichen Utopien**

Те все още мечтаят за експериментална реализация на
своите социални утопии

**sie träumen immer noch davon, isolierte "Phalanster" zu
gründen und "Heimatkolonien" zu gründen**

те все още мечтаят да основават изолирани "фаланстери" и
да създадат "домашни колонии"

**sie träumen davon, eine "Kleine Ikaria" zu errichten –
Duodecimo-Ausgaben des Neuen Jerusalem**

те мечтаят да създадат "Малката Икария" – дуодецимо
издания на Новия Йерусалим

**Und sie träumen davon, all diese Luftschlösser zu
verwirklichen**

и мечтаят да реализират всички тези въздушни замъци

**Sie sind gezwungen, an die Gefühle und den Geldbeutel der
Bourgeoisie zu appellieren**

те са принудени да се обръщат към чувствата и кесиите на
буржоазията

**Nach und nach sinken sie in die Kategorie der oben
dargestellten reaktionären konservativen Sozialisten**

Постепенно те потъват в категорията на реакционните консервативни социалисти, описани по-горе
sie unterscheiden sich von diesen nur durch systematischere Pedanterie
те се различават от тях само по по-систематична педантичност
und sie unterscheiden sich durch ihren fanatischen und abergläubischen Glauben an die Wunderwirkungen ihrer Sozialwissenschaft
и те се различават по своята фанатична и суеверна вяра в чудотворните ефекти на тяхната социална наука
Sie widersetzen sich daher gewaltsam jeder politischen Aktion der Arbeiterklasse
Затова те яростно се противопоставят на всякакви политически действия от страна на работническата класа
ein solches Handeln kann ihrer Meinung nach nur aus blindem Unglauben an das neue Evangelium resultieren
такива действия, според тях, могат да бъдат резултат само от сляпо неверие в новото Евангелие
Die Owenisten in England und die Fourieristen in Frankreich stehen den Chartisten und den "Réformisten" entgegen
Оуенитите в Англия и фуриеристите във Франция, съответно, се противопоставят на чартистите и "реформистите"

**Stellung der Kommunisten zu den verschiedenen
bestehenden Oppositionsparteien**
Позиция на комунистите по отношение на различните
съществуващи опозиционни партии

**Abschnitt II hat die Beziehungen der Kommunisten zu den
bestehenden Arbeiterparteien deutlich gemacht**
Раздел II изясни отношенията на комунистите със
съществуващите партии на работническата класа
**wie die Chartisten in England und die Agrarreformer in
Amerika**
като чартистите в Англия и аграрните реформатори в
Америка
**Die Kommunisten kämpfen für die Erreichung der
unmittelbaren Ziele**
Комунистите се борят за постигане на непосредствените
цели
**Sie kämpfen für die Durchsetzung der momentanen
Interessen der Arbeiterklasse**
те се борят за налагане на моментните интереси на
работническата класа
**Aber in der politischen Bewegung der Gegenwart
repräsentieren und kümmern sie sich auch um die Zukunft
dieser Bewegung**
но в политическото движение на настоящето те също
представляват и се грижат за бъдещето на това движение
**In Frankreich verbünden sich die Kommunisten mit den
Sozialdemokraten**
Във Франция комунистите се съюзяват със
социалдемократите
**und sie positionieren sich gegen die konservative und
radikale Bourgeoisie**
и те се противопоставят на консервативната и радикална
буржоазия

sie behalten sich jedoch das Recht vor, eine kritische
Position gegenüber Phrasen und Illusionen einzunehmen,
die traditionell aus der großen Revolution überliefert sind
те обаче си запазват правото да заемат критична позиция
по отношение на фразите и илюзиите, традиционно
предавани от Великата революция

In der Schweiz unterstützt man die Radikalen, ohne dabei
aus den Augen zu verlieren, dass diese Partei aus
antagonistischen Elementen besteht
В Швейцария те подкрепят радикалите, без да изпускат от
поглед факта, че тази партия се състои от антагонистични
елементи

teils von demokratischen Sozialisten im französischen
Sinne, teils von radikaler Bourgeoisie
отчасти на демократичните социалисти, във френския
смисъл, отчасти на радикалната буржоазия

In Polen unterstützen sie die Partei, die auf einer
Agrarrevolution als Hauptbedingung für die nationale
Emanzipation beharrt
В Полша подкрепят партията, която настоява за аграрна
революция като основно условие за национална
еманципация

jene Partei, die 1846 den Krakauer Aufstand angezettelt
hatte
партията, която подклажда въстанието в Краков през 1846
г.

In Deutschland kämpft man mit der Bourgeoisie, wenn sie
revolutionär handelt
В Германия се борят с буржоазията, когато тя действа по
революционен начин

gegen die absolute Monarchie, das feudale Eichhörnchen
und das Kleinbourgeoisie
срещу абсолютната монархия, феодалното
мързилекарство и дребната буржоазия

Aber sie hören nicht auf, der Arbeiterklasse auch nur einen
Augenblick lang eine bestimmte Idee einzuflößen

Но те не спират нито за миг да внушат на работническата класа една особена идея
die klarste Erkenntnis des feindlichen Antagonismus zwischen Bourgeoisie und Proletariat
възможно най-ясно признаване на враждебния антагонизъм между буржоазията и пролетариата
damit die deutschen Arbeiter sofort von den ihnen zur Verfügung stehenden Waffen Gebrauch machen können
за да могат германските работници веднага да използват оръжията, с които разполагат.
die sozialen und politischen Bedingungen, die die Bourgeoisie mit ihrer Herrschaft notwendigerweise einführen muss
социалните и политическите условия, които буржоазията трябва да въведе заедно със своето върховенство
der Sturz der reaktionären Klassen in Deutschland ist unvermeidlich
падението на реакционните класи в Германия е неизбежно
und dann kann der Kampf gegen die Bourgeoisie selbst sofort beginnen
и тогава веднага може да започне борбата срещу самата буржоазия
Die Kommunisten richten ihre Aufmerksamkeit hauptsächlich auf Deutschland, weil dieses Land am Vorabend einer Bourgeoisie Revolution steht
Комунистите насочват вниманието си главно към Германия, защото тази страна е в навечерието на буржоазната революция
eine Revolution, die unter den fortgeschritteneren Bedingungen der europäischen Zivilisation durchgeführt werden muss
революция, която непременно ще бъде извършена в по-напредналите условия на европейската цивилизация
Und sie wird mit einem viel weiter entwickelten Proletariat durchgeführt werden
и това ще бъде извършено с много по-развит пролетариат

ein Proletariat, das weiter fortgeschritten war als das Englands im 17. und Frankreichs im 18. Jahrhundert

пролетариат, по-напреднал от този на Англия през XVII и на Франция през XVIII в.

und weil die Bourgeoisie Revolution in Deutschland nur das Vorspiel zu einer unmittelbar folgenden proletarischen Revolution sein wird

и защото буржоазната революция в Германия ще бъде само прелюдия към непосредствено следващата пролетарска революция

Kurz gesagt, die Kommunisten unterstützen überall jede revolutionäre Bewegung gegen die bestehende soziale und politische Ordnung der Dinge

Накратко, комунистите навсякъде подкрепят всяко революционно движение срещу съществуващия обществен и политически ред на нещата

In all diesen Bewegungen rücken sie als Leitfrage die Eigentumsfrage in den Vordergrund

Във всички тези движения те извеждат на преден план като водещ въпрос във всяко от тях въпросът за собствеността

unabhängig davon, wie hoch der Entwicklungsstand in diesem Land zu diesem Zeitpunkt ist

без значение каква е степента му на развитие в тази страна по това време

Schließlich setzen sie sich überall für die Vereinigung und Zustimmung der demokratischen Parteien aller Länder ein

И накрая, те работят навсякъде за съюза и съгласието на демократичните партии на всички страни

Die Kommunisten verschmähen es, ihre Ansichten und Ziele zu verheimlichen

Комунистите пренебрегват да прикриват своите възгледи и цели

Sie erklären offen, dass ihre Ziele nur durch den gewaltsamen Umsturz aller bestehenden gesellschaftlichen Verhältnisse erreicht werden können

Те открито заявяват, че техните цели могат да бъдат постигнати само чрез насилствено отхвърляне на всички съществуващи обществени условия

Mögen die herrschenden Klassen vor einer kommunistischen Revolution zittern

Нека управляващите класи треперят от комунистическата революция

Die Proletarier haben nichts zu verlieren als ihre Ketten

Пролетариите нямат какво да губят, освен веригите си

Sie haben eine Welt zu gewinnen

Те имат свят за спечелване

ARBEITER ALLER LÄNDER, VEREINIGT EUCH!

РАБОТНИЦИ ОТ ВСИЧКИ СТРАНИ, ОБЕДИНЯВАЙТЕ СЕ!